名师工程

《基础教育课程》丛书

教育部基础教育课程教材发展中心
《基础教育课程》杂志社组编

基于核心素养的任务驱动与问题解决式学习

总 主 编　付宜红
本册主编　李文辉

西南大学出版社
SWUP
国家一级出版社 全国百佳图书出版单位

图书在版编目（CIP）数据

基于核心素养的任务驱动与问题解决式学习/李文辉主编．— 重庆：西南大学出版社，2023.1

（名师工程）

ISBN 978-7-5697-1355-8

Ⅰ.①基… Ⅱ.①李… Ⅲ.①教学研究 Ⅳ.①G420

中国版本图书馆 CIP 数据核字（2022）第 197926 号

基于核心素养的任务驱动与问题解决式学习

JIYU HEXIN SUYANG DE RENWU QUDONG YU WENTI JIEJUE SHI XUEXI

李文辉 主编

责任编辑： 雷 兮

责任校对： 牛振宇

出版发行： 西南大学出版社（原西南师范大学出版社）

地址：重庆市北碚区天生路 2 号

邮编：400715 市场营销部电话：023-68868624

网址：http：//www.xdcbs.com

经　　销： 新华书店

印　　刷： 重庆愚人科技有限公司

成品尺寸： 170 mm×240 mm

印　　张： 12.5

字　　数： 245 千字

版　　次： 2023 年 1 月 第 1 版

印　　次： 2024 年 1 月 第 2 次印刷

书　　号： ISBN 978-7-5697-1355-8

定　　价： 52.00 元

Foreword 序

本丛书是由教育部基础教育课程教材发展中心《基础教育课程》杂志社策划编辑的系列教师读本。丛书中提炼的主题以及精选的文章聚焦当前教育重点、热点话题，体现了《基础教育课程》杂志的办刊理念，浓缩了《基础教育课程》杂志近年来的出刊精华，汇聚了全国一流专家学者、特级教师，以及教育行政、教研人员的科研成果与实践智慧。

课程是国家意志的体现，基础教育课程承载着国家对人才培养的目标、期盼与路径设计。2004年，由教育部主管、教育部基础教育课程教材发展中心主办的《基础教育课程》杂志创刊，国务院前副总理李岚清同志亲笔题写刊名。当时的杂志从教育部为各课程改革实验区编发的《基础教育课程改革通讯》改编而来。十几年来，杂志秉承“专业引领、服务实践”的办刊理念，以全面贯彻新时期党和国家教育方针，坚守素质教育阵地，弘扬课程改革主旋律，落实立德树人根本任务为宗旨，聚焦基础教育课程改革的推进，记录、跟踪基础教育课程改革发展历程，权威发布并深度解读国家基础教育改革及课程教材建设相关政策文件，提炼报道地方及学校改革经验和动态，宣传推广基础教育课程教材、教学教研及评价领域最新成果。如今，《基础教育课程》杂志已成为国内一流的课程教学专业期刊，是国家课程教材专业研究机构——课程教材研究所指定期刊，全国中文核心期刊，中国人民大学复印报刊资料重要转载来源，为中国核心期刊（遴选）数据库、中国学术期刊网络出版总库全文收录。

近年来，《基础教育课程》杂志聚焦教育部主责主业，依托国家教材委员会，教育部基础教育课程教材专家咨询委员会，国家课程方案、各学科课程标准以及中高考命题改革等权威专家力量，在学生核心素养发展、国家课程方案、课程标准、新教材解读以及教学研究、考试评价制度改革、深度学习教学改进、高中育人模式变革等方面做了系列重点报道，已成为地方、学校执行国家课程方案，探索育人模式变革，落实立德树人根本任务的高端交流与展示平台。为使期刊近年来策划组织的相关重大选题和文章发挥更大的辐射作用，在西南大学出版社的支持下，我们策划编撰了此丛书。

此丛书共有两个系列，分别是“基于核心素养的新时代课程建设系列”和“基于核心素养的教学改进系列”。“基于核心素养的新时代课程建设系列”包含《新时代的劳动教育》《新时代的校本课程建设》《新时代的主题教育课程》和《新时代的教研工作》四个分册。“基于核心素养的教学改进系列”涵盖《基于核心素养教学改进的落地导引》《基于核心素养的大单元和大概念教学》《基于核心素养的深度学习》《基于核心素养的项目式学习》《基于核心素养的跨学科学习》《基于核心素养的任务驱动与问题解决式学习》及《基于核心素养、着眼未来的学习》等热点教学策略。此外，“基于核心素养的教学改进系列”还聚焦普通高中新课程标准（2017 年版 2020 年修订）和新高考，涉及语文、数学、英语、思想政治、历史、地理、物理、化学、生物学 9 个学科的新课标、新教材及其对应的新教学策略与教学设计和考试评价等内容。

有别于名家、名师的个人专著，本丛书具有作者众多，研究视角多样，案例丰富、典型，特别是导向前瞻，既有理论指导性又有实践可操作性等鲜明特点，希望能为广大教师在落实立德树人根本任务，构建“五育”并举的学校课程体系，开展基于核心素养的教学以及探索新中高考改革的路上提供切实的引导与帮助！

《基础教育课程》杂志社主编　付宜红

Preface 前言

“任务驱动”与“问题解决”

哈佛大学创新实验室的托尼·瓦格纳教授曾指出，像谷歌一样的互联网创新公司在用人需求方面，已经发生了重大转变，他们更倾向于招聘那些具有明确任务使命感、知道如何处理复杂问题并分析问题的人员。“任务驱动”和“问题解决”是新时代中小学教育教学的重要命题，需要我们在课堂教学中付诸实施。“任务驱动”和“问题解决”的目的都是培养学生独立思考、合作探究、交流分享等创新能力，引导学生逐步完成挑战性任务，在分类、分析、阐释、评析、论证、预测和选择的行为表现中，学习并逐步建构起学科知识。

其一，“任务驱动”教学的重点是“驱动”，即如何驱动学生的学习兴趣，如何驱动学科核心素养的落实，因此在“任务驱动”的实施过程中，应重点考量任务设置如何满足学生的兴趣需求、学科的核心素养要求。

任务设置需要与学生的实际学习情况相适切。任务设置是任务实施的起点，任务设置的重点是对学情的分析。教师根据自己的经验对课堂教学任务进行预判是必要的，但更需要根据实际情况对任务进行及时调整。换言之，任务的设置需要教师密切观察、关注学生在完成任务过程中的实际情况：哪个环节学生无法通过自己原有的学习经验达成？哪个活动没有运用学科特有的学习方式来推进？哪些学习步骤引发了学生的思考、争论？教师应根据课堂教学的综合情况，及时调整任务设置。

任务设置需要重点关注学科大概念和学科核心素养培育。教师应把可迁移的、外延丰富的学科大概念与真实情境、真实问题等融为一体来搭建具体的活动任务，这些任务应具有较强的关联性、拓展性和真实性。教师在学生运用学科知识完成活动任务的过程中，应及时观测并评估学生外显的关键行为表现，反馈并评价学生的学习情况，围绕学科大概念及时调整教学策略，提高学生学科核心素养发展水平。

其二，"问题解决"教学的重点是"问题"，即如何培养学生提出问题的能力，如何设置指向高阶思维训练的问题系统。当然，培养学生逐步形成系统性、条理性、逻辑性较强的解决方案及构建能力也至关重要。

问题解决教学中使用的具体问题应与学生的生活、学习密切相关，能够激发学生的学习兴趣，并能使学生将问题解决的方案应用于现实生活。

首先，学生应逐步具有发现和提出问题的能力，这项能力至关重要。问题的提出是将真实的现象转换成可研究的问题，来源于真实生活情境的问题往往可以激发学生的求知欲和价值感。真实问题的提出往往会被学生赋予深远的意义，促使其使用所学知识解决身边的现实问题，从而感受到学习的意义和价值。教师需要引导学生产生疑问、进行探究，学生在探究实践活动中会获得发展思维的"源泉"。

其次，学生在解决真实问题的过程中将产生强烈的、持续的好奇心和探究欲，学生在接受、体验、感悟、类比、迁移后，会逐步提升自己的思维能力。

具体问题的设置应形成阶梯系统，驱动学生进行深入思考，逐渐走向高阶思维训练。高阶思维训练是"问题解决"教学的目的，旨在使学生逐步具备在复杂情境中解决问题的能力。教师在教学中应设置螺旋上升、阶梯式的问题系统，这些问题具有系统性和层级性，能够逐步引发学生的深入思考，这一问题系统是由简单到复杂的难度递增、由单一到多元的视角叠加。通过解决任务、梳理思路、化解难点等过程，逐步把学生的思维引向更深层次，实现高阶思维的学习目标。

在问题解决的过程中，教师应帮助学生找到思考、分析、解决问题的方法和路径，应引导学生分析、推理、解决问题，使探究活动呈现出深刻的逻辑性。学生能依据特定情境和具体条件，选择制订合理的解决方案，能够依据方案逐步完成收集资料、分析资料、做出解释、给出建议等解决问题的过程。

李文辉

2021 年 11 月

Contents 目录

第一章　问题解决式教学概论

第二章 任务驱动与问题解决式教学模式与案例

第一章

问题解决式教学概论

第一节　问题解决式教学的问题设计

设置问题阶梯，指向素养养成

马志民[①]

传统的教学，普遍是教师设置各类问题，学生跟着教师的问题走。整个教学过程基本是学生寻找教师设置问题的答案的过程。在这样的过程中，学生独立思考和探究的思维过程往往被取代，影响了学生学习的积极性和主动性。这种传统的教学方式，容易使师生陷入寻找答题技巧而忽略综合能力培养的窠臼中，学科所倡导的文化品格、思维品质、学习能力等核心素养的培育就更加无从谈起了。

基于对以上问题的思考，笔者在高中英语阅读教学中尝试改变传统教学方式，采用小组合作模式下的“问题阶梯（Levels of Questioning）”英语阅读教学，取得了良好的效果。小组合作模式下的“问题阶梯”教学，通过引导学生基于语篇阅读和理解，以自主提出不同视角问题的方式，从多维度对文本进行解构和意义建构，并在此基础上鼓励学生通过小组分享、讨论、评价，

① 马志民，北京市十一学校国际部英语学科负责人，中学一级教师。

最终达成对文本多维度、深层次的理解。在此过程中，教师充当观察者和引导者的角色，辅助小组活动的开展，启发学生深入思考，评价学生的参与和表现；作为学习主体，学生通过不同阶梯问题的提出和探讨，逐步深化对语篇意义的理解和内涵的拓展。生生、师生，以及师生与文本之间的多维互动不仅能够增强学生自身的语言能力，也能有效提升学生的文化品格、思维品质和学习能力，最终将英语学科核心素养落到实处。

一、问题的分类与设置

学生通过仔细阅读（Close Reading）文本，提出不同阶梯的问题，然后对问题进行讨论、分享和回答，这一过程其实是学生对文本进行不同层面的理解、分析、评价和创造的过程。根据对语篇理解和意义建构的不同维度，我们大致可以将问题划分为四个大类：（1）事实与信息类（Factual Information Questions）；（2）分析与推断类（Analytical and Inferential Questions）；（3）整合与评价类（Evaluating Questions）；（4）关联与创造类（Connecting and Creating Questions）。不同类别的问题，分属于不同的阶梯，对学生的英语语言能力、思维品质，以及对文本中文化现象的探究都提出了不同程度的要求。

具体来讲，第一阶梯，事实与信息类的问题，多指向文本的事实与细节信息，要求学生对所阅读的文本有基本的信息理解和提取的能力。通常情况下，这类问题都可以在文本中找到唯一且确切的答案，如"Who are the main characters in the story?""When and where does the story happen?"。第二阶梯，分析与推断类的问题，要求学生在充分理解文章事实与细节的基础上，对作者的写作目的、写作手法、情感态度，以及文本中隐含的意义、信息之间的关联进行分析和推断，建构起对文本更深层次的理解。通常情况下，这类问题没有确切的答案，但可以基于对文本事实与细节的准确理解，利用语篇中的证据（evidence）自圆其说。例如，"What does the writer want to imply when he/she mentions..." "What's the writer's attitude towards...in the passage?"。第三阶梯，整合与评价类的问题，要求学生对文本中的事实与信息、作者的态度和手法，以及文本中呈现的某些观点或文化价值观进行评价。这类问题要求学生根据自身的知识和经验，基于文本中的证据，对语篇进行客观分析与评价，并形成独立的、批判性的视角和看法。例如，“Do you think...is a good title? Why or why not?”“Do you agree with the writer’s opinion about...in the passage? Why or why not?”。第四阶梯，关联与创造类的问题，要求学生从文本中走出来，结合自身的认知与情感，在原有知识和经验的基础上进行再创造，进而形成全新的观点和认识。例如，“If you were...in the story，would you...?”“What does the passage/story make you feel，think，or wonder? Have you ever had the same or similar experience with the writer/character...in the story? How did that experience influence you?”。

由此可见，“问题阶梯”教学中各类问题的提出和设置，是建立在对文本进行多层级、多视角的挖掘和探究基础之上的，问题的难度和要求也是逐步提升的。各阶梯问题的提出，不仅需要学生对语篇的事实与细节有基本的理解和把握，而且要求学生对文本中的深层次内涵有深入的理解和思考，是作者、读者（学生）、语篇，三者全方位对话与互动的过程，能够有效推动学生语言能力、文化品格、思维品质和学习能力等全方位的发展。

二、“问题阶梯”教学的实施要点与步骤

1. 明确学生为主体、教师为辅助的师生角色定位

与传统的教学相比，“问题阶梯”教学策略最大的特点是，在整个学习过程中，从问题的提出，到问题的分享、讨论和展示，再到最后问题的回答和解决，学生都是主导者和参与者；而教师则是一个辅助者，给学生提供必要的指导、补充和评价，引导学生的思考，推动学生的讨论，进而帮助学生完成小组合作任务。这一教学策略实现了课堂由以教为主向以学为主的深入转变，让学生由被动学习者转变为主动学习者。

2. 提供问题样例，鼓励学生模仿并独立提出不同阶梯的问题

学生能否提出较高质量的、不同阶梯视角的问题，是决定整个学习过程是否有效、教学目标是否达成的核心，也是核心素养能否落地的关键所在。该环节也对学生的思维能力提出了较高的要求。

在具体教学实践中，教师可以采用“问题样例→教师讲解→学生模仿→独立提问”的教学流程，让学生学习、理解并最终学会提出不同阶梯的问题。教师可以给学生提供不同阶梯问题的样例表，为学生理解、模仿，进而提出问题提供有效的工具和“脚手架”。教学过程中，教师要时常鼓励并充分调动学生提出问题的积极性，讲解不同阶梯问题的意义和指向，引导学生通过模仿样例问题，在充分阅读和理解文本的基础上，独立提出不同阶梯的问题。表 1 是笔者在英语阅读教学中为学生设置的问题分类和问题样例。

表 1　“问题阶梯”中的问题分类和问题样例

问题阶梯	问题样例
阶梯 1：事实与信息	（1）Where and when does the story happen （2）Who are the main characters in the story （3）What happened in the text? What's the climax （4）What does the writer tell us about...
阶梯 2：分析与推断	（1）What characteristics does character A have （2）What's the tone（the writer's attitude）toward... （3）How does the writer characterize/present/...? For what purpose （4）What does the writer want to imply in sentence...? What can we infer from... （5）How is...related to...in the text （6）What does the writer want to tell us through the story
阶梯 3：整合与评价	（1）What do you think of...? Why （2）To what extent do you agree or disagree with...? Why or why not （3）Do you think the writer successfully prove his/her point of view? How and why
阶梯 4：关联与创造	（1）What do/does... make you feel, think, or wonder? How and why （2）How is the story related to you（your experience, your society, and your culture）? How is this text related to the other texts （3）If you are the character...in the passage/story, would you...? Why or why not

例如，在学习 Doris Lessing 的 *Through the Tunnel* 短篇故事时，经过前期教师的引导和问题样例分析，学生已经基本理解并掌握了不同阶梯问题的指向和提问方式。接下来，让学生在自主阅读的基础上，尝试提出不同阶梯的问题（表 2）。

表 2　学生提出的不同阶梯的问题

所属问题阶梯	学生提出的问题
阶梯 1	Q1. What preparation did Jerry do in order to swim through the tunnel? What influence does that training have on his body? What was Jerry's mother's reaction towards his training
阶梯 2	Q2. Jerry thought "It was not his beach". Based on the story, why does Jerry think so? How is Jerry's beach different from the others' and his mother's beach Q3.Why is the story titled "Through the Tunnel"? What symbolic meaning does this title have after you finish reading the whole story
阶梯 3	Q4. The writer uses the third person point of view throughout the whole story. Does this point of view help better show the development of the whole story? Why or why not
阶梯 4	Q5. If you are Jerry in the story, will you take the risk to swim through the tunnel? What does taking challenges mean to you

从表 2 中不难看出，Q1 属于事实与信息类的问题，通常可以直接在文本中找到唯一且确切的答案。Q2 到 Q5 属于分析与推断、整合与评价，以及关联与创造类的问题，要求学生在理解文本表层信息的基础上，对文本的深层次内涵，如作者的写作手法、目的意图、情感态度等进行充分挖掘；在此基础上，对文本的整体架构以及信息之间的关联有充分的理解和把握，能够就文本中的某些观点联系自身的经验，形成自己独立的、创造性的思考和判断。例如，Q3“为什么故事的标题为‘穿越隧道’？读完整个故事后，你认为这个题目有什么象征意义？”，该问题的提出，要求学生不仅要理解故事的细节和梗概——主人公 Jerry 经过艰辛的努力最终游过了充满危险和挑战的海底隧道，还需要站在故事整体的角度，对故事的主旨进行深入的思考——穿越海底隧道是 Jerry 运用智慧和勇气直面困难、勇于接受挑战的过程，而 Jerry 也因此实现了人生成长过程中一次巨大的跨越和蜕变。

3. 小组合作，激发学生深度思考，提升其团队合作和自主学习能力

学生在充分理解和掌握不同阶梯问题的含义并能够自主提出问题之后，便可以开展小组合作模式下的“问题阶梯”教学活动。具体实施步骤见图 1。小组合作模式下的“问题阶梯”教学，能有效激发学生的深度思考，提升其团队合作能力和自主学习能力。

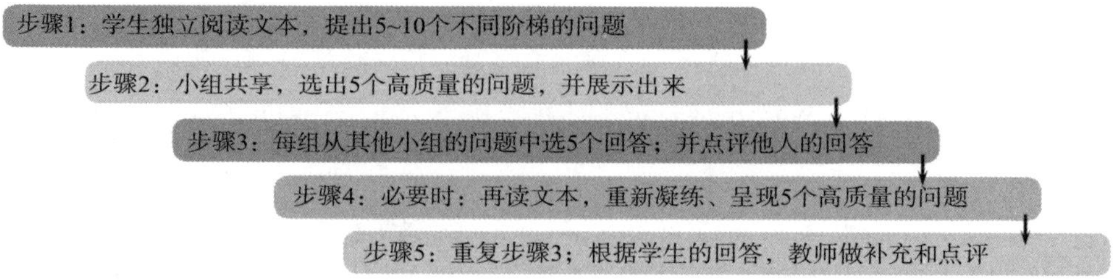

图 1　小组合作模式下“问题阶梯”教学策略的实施过程

从图 1 的实施步骤中不难看出，学生在自主阅读的基础上，提出不同阶梯问题的过程，是学生对文本进行的第一次独立探索。如果没有对文本多层次的思考，学生很难提出不同阶梯的问题，而这一过程对于培养学生独立思考的能力也是至关重要的。现实情况中，学生的英语能力和认知水平通常存在较大的个性化差异，而且每个学生个体对文本的深层次理解和多维度意义建构的视角都比较有限，因此，小组合作共享，就显得十分必要。与本小组成员进行共享、讨论和提炼高质量问题的过程，实际上是融合他人的视角对文本进行二次深度解读和探究的过程。经过该环节的融合与提炼，每个小组最终提炼出的问题多属于阶梯 2 到阶梯 4 的问题。这也表明，相比第一个阶段，学生的思维活动走向了一定的深度。例如，在学习 Eugenia Collier 的短篇故事 *Marigolds* 时，学生小组提炼的问题如下：“Why does the writer say ‘the beautiful marigolds represents the perfect ugliness’? What is the connotation of ‘ugliness’? What is the implied meaning for Lizabeth to say ‘they didn’t make sense’?”“How does the writer’s use of symbol and symbolism contribute to the theme of the story?”从这些问题可以看出，学生从更多元的视角去重新思考、解读了文本的深层次内涵，而对问题进行提炼、整合和分享的过程，可以有效激发学生思维的深度、广度和灵活性。

选择其他小组的问题进行讨论、展示、分享与评价的过程，则是从更大的范围和视角，促使学生对文本进行第三次深度解读的过程。通过小组合作，共同完成对其他小组问题的回答、展示和评价，需要学生条理清晰、有理有据地用英文进行表达和阐释，这样可以有效提升学生思维的逻辑性、批判性以及创新性，学生的合作能力和自主学习能力也能得到发展。

而教师的补充和点评可以进一步深化学生对文本的思考和理解，同时还可以丰富学生的认知。如涉及一些语篇历史、文化背景等不易被学生察觉的知识时，教师可以帮助学生发现新的问题，并及时引导小组合作活动走向更深层次的讨论和探索。例如，在学习 *Marigolds* 时，学生并没有意识到故事的背景就是美国的经济大萧条时代。教师可以引导学生利用网络资源，搜索、了解经济大萧条对当时的美国以及世界产生的巨大影响，丰富其历史和文化背景知识。

概括地说，小组合作模式下“问题阶梯”教学策略主要包含三个步骤。第一，鼓励、引导学生在自主阅读的基础上，通过提出不同阶梯的问题主动挖掘文本多层次的意义；第二，以小组合作的形式，分享、讨论小组内每个成员的问题，最终提炼出几个高质量的问题进行分享、展示；第三，以小组合作的形式，选择其他小组的问题进行讨论、回答和展示，同时对其他小组的问题和回答做出评价。通过师生、生生、师生与文本之间多维度的互动和交流，学生综合运用听、说、读、写、看等多种英语语言能力，最终形成对文本多层次、多视角的理解和思考，进而有效促进思维品质、文化品格、语言能力和学习能力的发展。

构建“解决问题链”的实践与思考

邢绘君[①] 吴毓梅[②] 朱兆岩[③]

在小学数学教学中，解决问题的教学可以帮助学生形成数的认识，掌握数的运算的综合运用，是小学数学教学的重点和难点。

在新课程改革背景下，北京市朝阳区实验小学秉承“马芯兰教学法”[④]的核心思想，对小学一到六年级的12册人教版数学教材进行了系统梳理，从中提取出58个学科关键知识，并鼓励教师基于这些知识内容进行共同备课，形成“58节关键课”。我们认为，这“58节关键课”能有效帮助学生建立起知识间的内在联系，让数学学习更加轻松。

在“58节关键课”中，“解决问题”的教学是其中一项重要内容，也是小学数学教学的重难点。学校通过探索和总结“解决问题”关键课的知识点之间的联系，构建“解决问题链”，将解决问题的过程与数学思想方法结合起来，强化对学生推理能力、模型思想、函数思想等学科素养的培育。

一、探索教学内容的联系，构建“解决问题链”

学校提炼出的“58节关键课”，注重新旧知识间的内在联系，引导学生在学习中产生迁移，以达到举一反三、触类旁通的效果，从而提升学生的思维水平。“58节关键课”中有众多“解决问题”的关键课，经过梳理，发现其中有5节课——“归一”“归总”“连乘连除”“积商变化规律”“正反比例的

---

① 邢绘君，北京市朝阳区实验小学主任，高级教师。

② 吴毓梅，北京市朝阳区实验小学教师，一级教师。

③ 朱兆岩，北京市朝阳区实验小学教师，一级教师。

④ “马芯兰教学法”是由全国著名特级教师、北京市朝阳区实验小学原校长马芯兰创立的，其特点是，根据儿童发展的规律，充分运用迁移的规律，突出抓住基本概念、基本原理、基本法则的教学和数学能力的培养。

意义和图像"，它们的教学内容相互联系、相互渗透，可以构建成一条"解决问题链"（表 1）。

表 1　5 节"解决问题"关键课内在联系表

<table>
<tr><th>内容</th><th>体现联系</th><th>体现模型思想</th><th>体现函数思想</th></tr>
<tr><td>三年级上册：
"归一"</td><td rowspan="4">"1"和"多"</td><td>多→"1"→多</td><td>通过单价不变，初步感知一个量变化，另一个量也会随着变化，借助正比例图像，渗透函数思想</td></tr>
<tr><td>三年级上册：
"归总"</td><td>"1"→多→"1"
借助面积模型，理解总数不变</td><td>通过总价不变，单位和数量变化的规律，借助面积模型、反比例图像，渗透函数思想</td></tr>
<tr><td rowspan="2">三年级下册：
"连乘连除"</td><td>小"1"→大"1"→多个大"1"
借助长方体模型理解</td><td>体现变与不变的关系</td></tr>
<tr><td>多个大"1"→大"1"→小"1"
借助长方体模型理解</td><td>体现变与不变的关系</td></tr>
<tr><td>四年级上册：
"积商变化规律"</td><td rowspan="2">两组相关联的量，研究一个量不变，另一个量变化，引起积、商变化的规律</td><td>借助正比例图像理解</td><td>渗透函数思想</td></tr>
<tr><td>六年级下册：
"正反比例的意义和图像"</td><td>借助正反比例图像理解</td><td>渗透函数思想</td></tr>
</table>

从表 1 中我们可以看出，"归一""归总""连乘连除"这三节课都是在研究"1"和"多"之间的关系，后两节课"积商变化规律""正反比例的意义和图像"则是在研究"一个量不变，另一个量变化，引起积、商变化"的规律。通过分析，我们认为这 5 节课虽然具有不同模型，但就其本质而言，都是在逐步渗透"一个量不变，另一个量变化，引起积、商变化"这个数学规律，正是这一规律，将这 5 节课有效地串联起来，形成了一个"解决问题链"。通过这个"解决问题链"，我们清晰地看到了这 5 节关键课之间的联系。

从表1中我们还能看出，这5节课的学习内容跨度很大，涉及的学段从三年级一直到六年级。通过“解决问题链”，深刻挖掘知识背后的数学核心素养——模型思想和函数思想，让学生能用联系的思维去解决问题，从而提高学习效率，实现素养培育。

二、构建“解决问题链”，系统渗透数学模型思想和函数思想

（一）构建“解决问题链”，培养学生数学模型思想

模型思想的建立是学生体会和理解数学与外部世界联系的基本途径[1]，数学建模就是通过建立模型的方法来求得问题解决的数学活动过程。在表1的前三节课中，我们建构了“1”和“多”的“解决问题模型”。“归一”“归总”“连乘连除”表面上看各不相同，其实本质上研究的都是“1”和“多”之间的关系。以往教学中，多数教师能够理解到这几个问题都是在研究“每份数”“份数”“总数”之间的关系，但未能达到建立数学模型的要求。而构建了“解决问题链”，教师从“1”和“多”的辩证关系角度对这些问题进行再认识，就能发现，其实这几个问题研究的模型本质都是相同的，都是知“1”可以求“多”，知“多”可以求“1”，即由“1”生“多”，由“多”到“1”的过程。

1.“归一”关键课对学生数学模型思想的培养

在学习三年级“归一”一课的时候（图1），教师设计了这样一个情境：“买2支铅笔4元，那么，买6支铅笔需要多少元？”首先，教师引导学生从问题出发，思考要解决“买6支铅笔需要多少元”的问题需要知道哪些条件。学生马上想到要解决这些问题就得知道“买1支铅笔需要多少元”，反过来，如果知道“买1支铅笔需要多少元”，就能知道买2支的价格、买5支的价格、买10支的价格等等，从而初步感受到知“1”就能求“多”，“1”和“多”之间是有关系的，这一问题的本质就是从“多”到“1”，再从“1”到“多”，顺利唤醒学生已有的问题解决的经验。

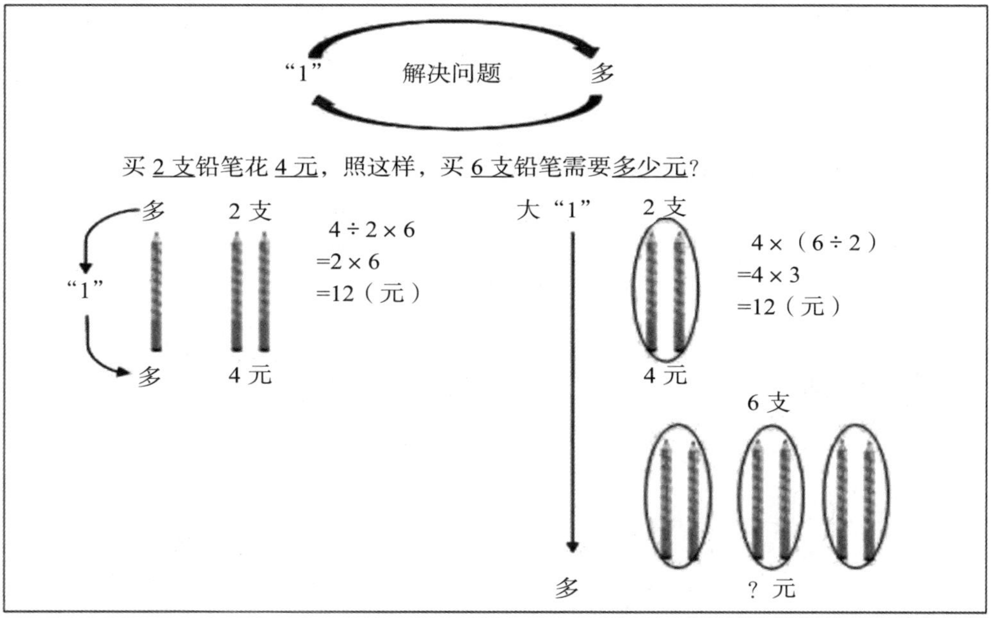

图1　"归一"关键课板书

接着，教师帮助学生利用"1"和"多"的关系重点解决"买2支铅笔花了4元，那么，买6支铅笔需要多少元？"的问题。首先，借助图片研究数量之间的关系，看图分析出要求"买6支铅笔需要多少元"，就要知道"买1支铅笔要多少元"。但是，题目中没有告诉学生"买1支铅笔要多少元"，如此，问题就聚焦到"如何找到1支铅笔的价格"。根据"2支铅笔的价格是4元"，学生就能马上求出"1支铅笔的价格是2元"，知道1支铅笔的价格就能求出6支铅笔的价格了。最后，教师引导学生回顾解决问题的过程，即要求"多"就要先找到"1"，知道了"1"，就能求出"多"，所以解决这个问题就是在研究"1"和"多"之间的关系。这样就逐步帮助学生从具体的数量关系中抽象出其本质，逐渐建立起数学模型。

在买笔的情境中，"1"和"多"之间的关系，就是"单价""数量""总价"之间的关系，这样的关系也可以看成"每份数""份数""总数"之间的关系，在解决问题的过程中，学生在头脑中建构起了这一类问题的模型，起到了举一反三的作用。

2.“连乘连除”关键课对学生数学模型思想的培养

在学习三年级“连乘连除”一课的时候（图 2），教师首先引导学生研究“连乘问题”，构建买笔的现实情境，提出问题：“每支铅笔 2 元，每盒 5 支，买 6 盒同样的铅笔一共需要花多少元？”

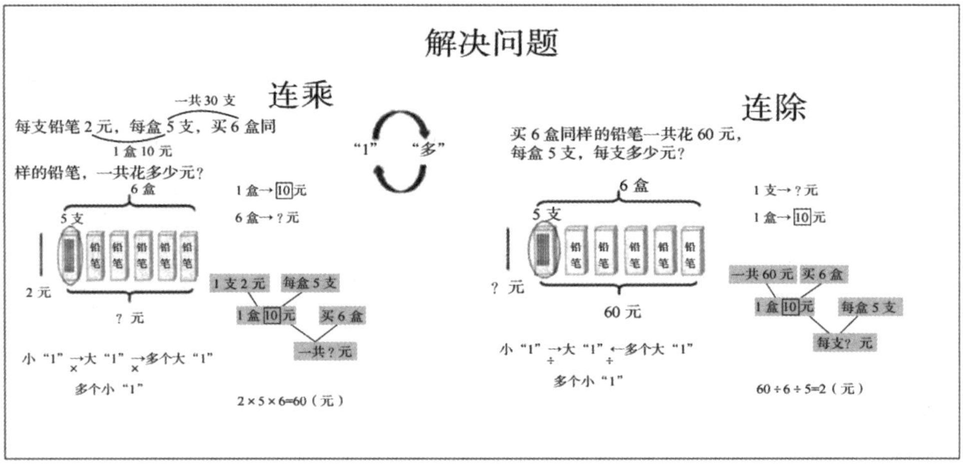

图 2　“连乘连除”关键课板书

接着，教师请学生分析问题中的数量关系，从问题入手找到解题思路。问题是求“买 6 盒同样的铅笔一共需要花多少元？”，学生马上就能想到“要知道 1 盒铅笔多少元就好办了”。那么，“1 盒铅笔多少元呢”？题目中没有直接告诉学生，但是，通过“每支铅笔的价格是 2 元”和“每盒 5 支”这两个信息可以求出“1 盒铅笔的价格是 10 元”，知道“1 盒铅笔的价格是 10 元”，6 盒铅笔的价格也就能求出来了。列式是：$2\times5\times6$，用连乘解决。随后，教师引导学生回顾解决问题的过程：知道“1 支铅笔的价格是 2 元”，先求出“1 盒铅笔的价格”，再求“6 盒铅笔的价格”，最后建立模型。在解决这个问题的过程中，出现了两个“1”，1 支的“1”叫小“1”，1 盒的“1”叫大“1”，“连乘问题”的本质，其实就是知道小“1”求多个小“1”，再知道大“1”求多个大“1”的过程。知小“1”求“多”用乘法，知大“1”求“多”还是用乘法。这样，学生就学会了运用“1”和“多”的关系建立连乘问题的模型。

连乘问题的模型建立之后，教师可以修改问题情境，引出连除问题："买6盒同样的铅笔一共花60元，每盒5支，那么每支铅笔多少元？"

解决这一问题的思路与前一个问题相反，教师引导学生思考："根据6盒铅笔的价格是60元，求出1盒铅笔的价格是10元；知道每盒有5支铅笔，1支铅笔的价格就求出来了。"用连除的方法解决了这个问题。其实，这里1盒铅笔的价格就是"连乘"里面说的大"1"，也就是6个大"1"是60元，先求1个大"1"是10元。知道1个大"1"是10元，1个大"1"里又包含着5个小"1"，就再除以5，即可求出1个小"1"就是2元。所以，解决这个问题就又和大"1"、小"1"建立起了联系，问题解决的过程就是，知道多个大"1"，先求1个大"1"，再求1个小"1"的过程，也就是连除的模型。

综观以上两节"解决问题"关键课，教师不仅引导学生研究了解决问题的方法，更重要的是帮助其建立了数学模型，有助于培养其数学模型思维。

（二）构建"解决问题链"，培养学生数学函数思想

函数是反映变量之间的对应关系的重要模型，解决函数问题需要利用变化的观点来思考。在小学六年数学学习的过程中，很多内容都渗透了函数的思想，体现了两个数量之间的变化情况。在"解决问题"这一部分，同样也渗透了函数思想，构建"解决问题链"，既可以帮助学生把握知识和问题的本质，又为其将来的中学函数学习做了一个很好的铺垫。

以往，教师在教学"归一""归总"这样的内容时，往往是先抓住问题中两对数量之间的变化规律，再勾连每份数、份数、总数之间的关系，最后建构数量关系，这样的教学往往是孤立的，学生很难用联系的眼光看问题。

如何建构解决问题的框架，如何勾连知识之间的联系，是需要我们进一步思考的问题。通过研究我们发现，以往教师只关注两对数量之间的变化规律，无意间就在教学中建立了很多"隔断墙"，导致学生能够找到不同，却往往发现不了相同，无法建立知识之间的联系。在"解决问题"的教学中，教师把两对数量进行扩展，扩展到两组相关联的数量之间的关系，这样更有利于学生发现变与不变的规律，更有利于在解决问题的过程中渗透函数思想。

如在讲解三年级“归一”一课时，教师设计了这样一个情境：“2 支铅笔的价格是 4 元，买 6 支铅笔需要花几元呢？”在解决问题的过程中，教师引导学生先求出“1 支铅笔的价格是 2 元”，再求出“6 支铅笔的价格是 12 元”。教师把这些数据记录在表格里，让学生不断地进行联想，如 4 支铅笔的价格是多少元？ 8 支铅笔的价格是多少元？从而发现铅笔的支数乘几，铅笔的总价同样乘几。（图 3）

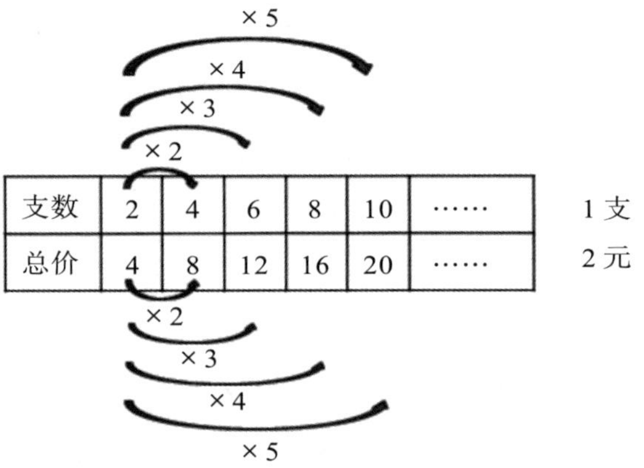

图 3　铅笔支数与总价的关联

反之，如果有 20 元，又能买几支这样的铅笔呢？铅笔的总价乘几，买的铅笔的支数同样乘几。教师引导学生通过观察表格里数据的变化，体会铅笔的支数与铅笔的总价这两个量之间的变化规律和变化情况，即一个量增加另一个量也会跟着增加，而且是按照相同的倍数关系增加的。学生继续观察表格中的数据可以发现，不管铅笔的总价和铅笔的支数怎样变化，它们的商（也就是铅笔的单价）始终是不变的。这一过程不仅让学生体会到了两个变量之间的变化，还让他们知道了这个变化是有一定规律的，也就是商不变。这一规律的总结为学生之后学习正比例做了铺垫。

教师又把表格转化成了图 4，让学生再一次形象地看到两组变量之间的变化，感悟商不变的规律。

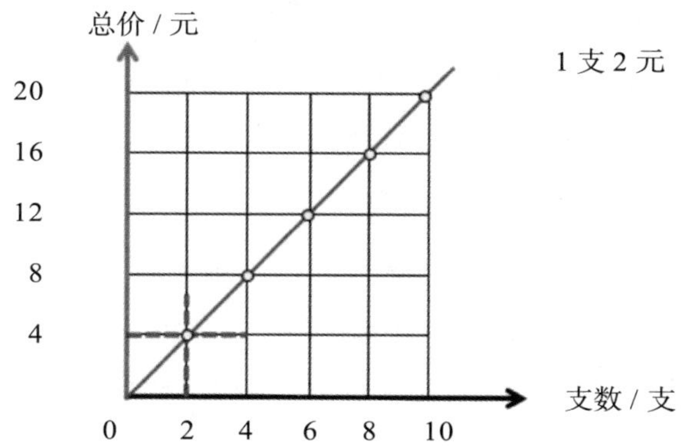

图 4 支数与总价的关联

同样，在讲解三年级的“归总”一课的时候，也渗透了函数思想。教师创设情境：“有一定数量的钱，如果买 2 元一块的橡皮，可以买 6 块。用这些钱，如果买 1 元一块的橡皮能买几块？”学生可以先求出一共有 12 元钱，再用 12 ÷ 1 求出可以买 12 块橡皮；同样，学生可以联想到，在钱的数量是 12 元不变的情况下，如果单价提高，变成 3 元、6 元、12 元，那么买到的橡皮的块数反而会减少，变成 4 块、2 块、1 块（图 5）。

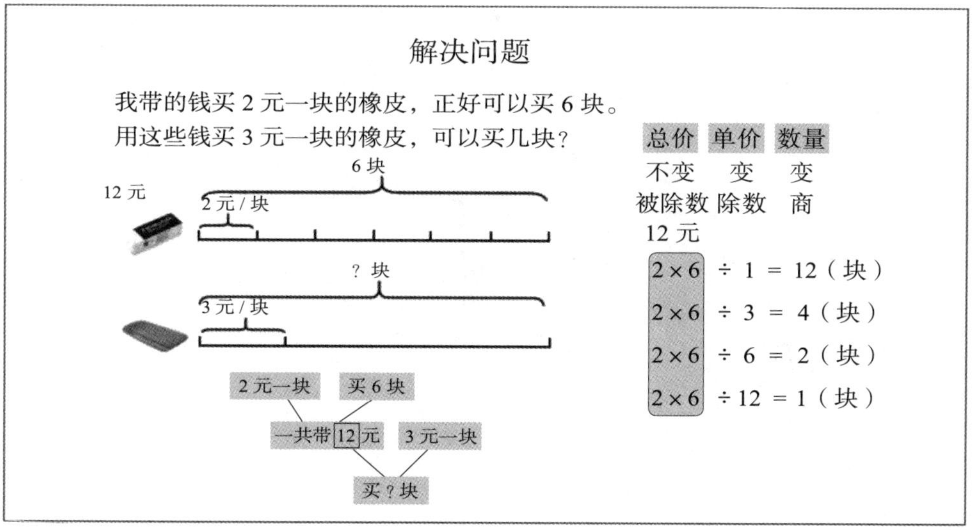

图 5 “归总”关键课板书

学生把这些数据记录在表格中后，观察这些数据，感悟两个量呈相反的变化趋势，而且是一个量扩大几倍，另一个量会缩小几倍，同样是按照倍数关系变化的。但是，无论这两个量具体怎样变化，它们之间的关系是不变的。这一规律的总结为六年级反比例的学习打下了基础。

前文中提到的两节关键课，在帮助学生理解“归一”和“归总”这两个问题的本质的同时，都进行了函数思想的渗透，为之后的学习打下了基础。可见，从一对数量，拓展到两组数量，进一步渗透“1”和“多”的解决问题结构，从而渗透函数思想，是非常重要的。

其实，在“解决问题”的教学过程中还有很多“知识链”等着我们去发现、去打通。梳理知识之间的联系，构建知识链，挖掘知识的本质，能让学生更好地理解数学规律，提升数学能力。

参考文献：

[1] 中华人民共和国教育部. 义务教育数学课程标准（2011 年版）[S]. 北京：北京师范大学出版社，2012.

促进高阶思维发展的问题设计

——以高中地理为例

董瑞杰[①]

问题设计作为问题式教学的基础，是走向深度学习的关键和培养学科核心素养的重要途径，能使教学活动具有针对性和有效性。引导学生提出问题、设计方案、得出结论，最终产生思维的碰撞和灵感的火花，有助于学生高阶思维的发展。因此，高阶思维既是问题式教学所希望达到的目标，又是问题式教学中问题设计的出发点。高阶思维是指发生在较高认知水平层次上的心智活动或认知能力[1]，包括问题求解、决策制定、批判性思维、创新思维等思维倾向。为了充分发展学生的高阶思维，必须思考问题设计的思维价值，提升提问的有效性，不断激发学生的好奇心和求知欲，使学生在问题思考中优化思维过程。以高阶思维引领问题设计，能够提高问题式教学的有效性，有助于学生形成正确的学科观念、发展批判性思维和创新思维，从而实现核心素养的培育。

一、以高阶思维引领问题设计的具体要求

以高阶思维引领问题的设计，需要从核心素养培育的角度出发，去分析怎样的问题设计才能更有效地提升课堂教学的有效性，并促进学生自主、合作、探究等学习能力的发展。以高阶思维引领问题设计的具体要求如下。

（一）结合生活实际，提供探究支持

问题设计要与生活实际密切联系，强调激发学生的学习兴趣和提升学生的思维品质。把生活中的真实情境转换成问题，赋予学生学习的意义，学生产生强烈的好奇心和探究欲，就能够积极主动地收集证据、整理过程、做出

① 董瑞杰，陕西师范大学地理科学与旅游学院，讲师。

解释或评价。发展学生的高阶思维，教师需要引导学生分析、推理和应用，帮助学生找到思考和分析问题的方法，使探究活动呈现出深刻的思维性。生活实际问题符合学生的认知规律，学生在接受、体验、感悟、类比、迁移后，逐步提升自己的思维能力。设计的问题需要能引导学生产生疑问、进行探究，学生在探究活动中会获得发展思维的“源泉”。来源于生活的问题可以激发学生的求知欲，促使其用所学知识解决身边的问题，从而感受到学习的意义和价值。

（二）形成阶梯系统，驱动深入思考

学科概念性、程序性知识主要以解决问题为主线展开，这需要在教学中形成阶梯式的问题系统，即问题链。问题链是由环环相扣的问题情境组成的问题系统，注重问题的系统性和层次性，能促使学生进行多角度、多层次的探索和发现。问题链关注学生的探究活动和思维过程，以“链”的形式驱动学生对问题进行深入思考，通过完成任务、梳理思路、化解难点，逐步把学生的思维引向更深层次，实现学科学习目标。它能帮助学生更好地理解学科知识，对引发学生深度思考具有很大的促进作用。问题链的教学过程不仅要关注知识链，还要关注思维链[2]。因此，问题链需要巧妙构思，按照由简单到复杂、由单一到综合的方向展开，让学生学会质疑，以实现高阶思维的培养。

（三）优化学习路径，提高学习质量

问题设计需要以学生的心理特点和学科课程特点为依据，关注学生需求，探索“为学生设计怎样学习的路径”，鼓励学生自主发现和互动合作，促使学生优化学习路径。问题设计需要反映不同思维水平的学习进阶，使学生的思维成为一个认知层次由低向高的动态过程。问题要设置在知识的生长点上，关注学科思想和方法[3]。把问题的有效性当作高阶思维发展的出发点，一是可以利用认知冲突使学生对原有知识进行重组，不断改进认知结构，二是可以提高学生综合运用知识解决实际问题的能力，培养其一定的实践能力。学生运用积极思维去解决学科实际问题，就会获得深度学习的能力。

二、以高阶思维引领问题设计的实施关键

高阶思维的形成包括思维过程、思维层次、思维策略，需要在情境创设中强调对问题的优化设计。在教学中，学科核心素养的培育多由问题开始，其重点在于促使学生经历问题解决的过程，不断生成高阶思维，因此，利用多种方法创设认知冲突便是引发学生深度学习和培养学生高阶思维的关键。

（一）基于学生的认知发展水平

以高阶思维引领的问题设计，需要符合学生的身心发展规律和认知规律，贴近学生的生活实际，充分调动学生的积极性，反映学生不同阶段学习的特点。第一，与学生的生活经验紧密联系，问题设计的素材需要从学生的生活经验中获取，为学生提供探究材料，不断启发和引导学生，让学生领悟生活中的知识。第二，对真实问题解决进行预设，使学生在理解知识、应用知识的过程中建构起灵活的知识体系，通过对实际问题的解决，学生体验到学习的价值和意义，从而激发学习动机。第三，帮助学生建立问题理解的载体，采用地图、图形和表格等多种呈现方式，不断挖掘其中隐含的丰富信息，帮助学生建立具体事物和抽象概念之间的联系。总之，基于学生认知发展水平设计问题，积极创设学科概念和规律所依附的学习情境，可以让学生更容易地感知和理解所学内容。

（二）体现学生对知识发现的探究过程

问题设计要体现知识发现和问题解决的过程，特别是要合理设计问题链，给学生提供充分体验的机会，保障其经历知识的产生过程，使学生在探究过程中获取知识、掌握方法、提升能力。学生通过收集资料、分析数据，亲自动手解决问题，进而实现深度学习。问题解决需要学生努力思考，亲自经历知识应用的情境，在解决问题的过程中提高解决生活中实际问题的能力；学生在知识发现的探究过程中最终实现意义建构，把所获得的知识在具体问题解决中进行灵活的迁移运用，这也是高阶思维培养的重要内容。因此，在进行问题设计时，教师把知识提炼成融入思维训练的问题，学生运用所学知识

加以解决，就能体会和理解学科概念和规律形成的基本途径。

（三）帮助学生形成思考问题的策略和方法

问题设计要促使学生形成思考问题的策略和方法，使其具备学科思维的视角。首先，要能培养学生的逻辑推理能力。从提升学生的逻辑推理能力出发，问题设计应该帮助学生完成从生活问题到学科问题的转换，使学生可以利用已有知识和技能，完成问题的求解。其次，要能培养学生的创新思维。问题设计是从具体情境中抽象出学科关键问题的过程，通过问题探究，更有利于学生主动去发现、分析和解决问题，从而激发创新意识。再次，要能培养学生的深度迁移能力。学生在遇到其他问题时，要能有效运用学科思维对问题进行合理的科学分析，并加以解决。学生在问题解决的过程中形成的策略和方法，可以进一步巩固有关的知识并提高学科学习的兴趣。

（四）促进学生在分级评价中不断进阶

问题设计要以学业质量水平为指向，通过评价体现学生的发展水平和发展过程；要制订细化的分级评价标准，诊断学习问题，提出改进措施，促进学生实现学习进阶。问题设计应根据学生实际，分析其对相关材料的使用和对具体问题进行分析和解决的情况，要让学生充分展示自己并加以评析，鼓励学生提出新的解释。高阶思维培养对学生能力的总目标要求包括：第一，具备能把获得的新知识灵活地迁移到解决复杂的实际问题中的能力；第二，从问题解决过程中获得专业知识和解决问题的策略。教师通过学生对具体问题的回答判断其思维结构层次，并对学生进行思维训练，使学生的思维水平得到进一步发展。要促进学生在分级评价中不断进阶，教师需要强化高阶思维和学习进阶意识，以问题探究为核心引领地理教学质量的提升。

三、以高阶思维引领问题设计的操作方式

从发展高阶思维的视角对学科问题进行进阶设计，可以进一步增强问题式教学的实效。好的问题能引发学生的思维活动，有助于提高学生的思维品质和思维能力。问题设计要促使学生深入思考，引导学生积极参与问题的解

决过程，使学生的高阶思维能力得到逐步培养。

（一）促进问题探究的自主过程

问题探究生发于学生已有经验与当前情境产生认知冲突之时，这是学生进行高阶思维的自主过程。为了使学生对问题产生兴趣，教师需要创设新颖的冲突情境，使学生感觉到问题具有挑战性，能获得效能感。所以，按照问题的开放度进行递进的问题设计，要求每一层次的问题都要以激发学生思考的原动力为主，以好奇心和动机引发学生产生疑问和提出疑问，形成自主学习的过程。问题分为两个层次：知识层次的问题，对其中的核心知识体系进行原理、原因、方法的思考和提问；思维层次的问题，使学生形成深刻的思维，体现积极思维的路径。如地理“认识沙尘暴”的问题探究，为引导学生自主学习，教师组织学生思考以下问题：什么是沙尘暴？它是怎样产生的？我国沙尘暴的源头在哪里？肆虐的路径有哪些？怎样防治沙尘暴？这样的问题探究能使学生成为主动的研究者，学生会在反思、批判、运用的过程中进行深层次的思考，从而突出高阶思维能力的培养。

（二）保持问题探究的持续过程

问题探究要由低到高、由浅入深依次展开，形成一个多层次的问题系统，引领学生进行循序渐进的问题思考。问题探究需要注重学生的差异，根据学生的特点设计不同水平的学习方式，不同的思维层次有其对应的问题设计策略，使课堂教学保持一个问题探究的持续性框架。思维层次设计需要涵盖“五何”问题[4]，即“由何（who，when，where）、是何（what）、为何（why）、如何（how）、若何（if... then...）”。思维的层次由低阶向高阶逐渐推进，让学生进行递进思考，不断激发学生的探究欲望。如对“水循环的过程”的问题探究，教师可在课堂教学中提出不同思维层次的问题，引导学生通过解决一系列关联问题，正确认识和利用水循环的自然规律，树立人类与环境和谐发展的观念（表 1）。

表 1　关于“水循环的过程”的思维目标与问题设计

思维层次	低阶思维			高阶思维		
思维目标	知道	领会	应用	分析	综合	评价
问题设计	由何、是何	是何	是何、为何	为何、如何	如何、若何	若何
问题链：以“水循环的过程”为例	（1）什么是水循环 （2）水循环发生的领域都有哪些 （3）水循环包括哪几种形式	（1）海陆间水循环的具体过程 （2）海陆间水循环包括哪些主要环节	（1）观察家乡河流的水位变化，分析其补给类型 （2）探讨家乡不同水体之间具有怎样的补给关系	自然界的水总量在循环过程中会产生增减变化吗	人类活动会对水循环过程产生怎样的影响	水循环具有怎样的地理意义

（三）厘清问题探究的逻辑过程

问题探究蕴含着由此及彼的逻辑过程，学生在问题解决中积极地发现、挖掘问题之间的相互联系。通过问题探究，教师可以引导学生对问题进行拓展和延伸，提高学生的迁移和应变能力，特别是以问题链引发学生深入思考，让学生经历深度的思维过程，实现有意义的学习。问题的关系包括包含、并列、因果、递进、延伸等，可以使学生到达问题思考的深度，包括归纳与演绎、分析与综合、抽象与概括、比较、因果等思维活动。学科要素之间存在十分复杂的因果关系，厘清这些关系，有利于发展学生综合思维等学科素养。教师可以采用主题逐层深入式的设问，引导学生明确这些要素间的因果关系，进行系统分析和归纳。如让学生分析“三大类岩石转化”的地质作用，设计以下问题：喷出的岩浆会形成什么岩石？未喷出的岩浆在地下缓慢凝固会形成什么岩石？地表物质经过流水的侵蚀、搬运和堆积，积累的沉积物多年后会形成什么岩石？不同的岩石深入到地下，经过高温作用后会形成什么岩石？上述问题探究包括高温熔化、外力作用、变质作用、冷却凝固等过程，有利于引导学生透彻了解地壳物质的循环逻辑。

（四）确定问题探究的进阶过程

以问题进阶引导学生探寻问题解决方案，可以使问题探究的过程更加有效。教师要确定问题探究的进阶过程，推进学生的思维，使其形成更具深度的灵活思维。问题进阶是促进学生思维的关键因素，让学生的心智活动发生在较高层次的认知水平上。同时，问题进阶具有可操作性，让学生直面不确定、开放性的情境或问题，使高阶思维的培养途径得到进一步明晰。

安德森等修订的布鲁姆教育目标分类表中，高阶思维包括分析能力、评价能力和创造能力。设计培养学生分析能力的问题时，教师需指导学生透彻地分析和理解问题，并利用所学知识来为自己的观点进行辩护。设计的问题要有逻辑性。一是让学生分析异同、究其因果，深入理解学科学习的规律、原理以及知识的内在联系；二是让学生在对感性材料进行分析思考的基础上，以判断、推理为基本形式，间接、概括地揭示出问题的本质。学生在回答问题的过程中，分析了知识结构要素，厘清了概念间的联系或者事件之间的因果关系。

设计培养学生评价能力的问题时，教师需指导学生运用所学知识、经验，理性地、深刻地辨别，对事物本质的价值做出有说服力的判断。设计的问题要有思辨性，引导学生在解决和讨论问题的过程中，发扬质疑精神，对某一问题的解释进行合理的评价，并陈述观点。设计的问题要有反思性，学生要对自己的决策、行为、方法以及由此产生的结果进行审视、分析、调整，并形成反思习惯。

设计培养学生综合能力的问题时，教师需指导学生系统地分析和联系，从整体的、全局的角度来考虑问题。设计的问题要有系统性，使学生思考问题时，关联系统各部分，对各个要素进行全方位、全过程的整体思考，通过观察，提出明确的观点，进行严谨的论证和系统的归纳，真正找到问题的解决方案。

设计培养学生创造能力的问题时，教师需指导学生进行开放的学习活动，充分发散思维，激发想象力和创造力。设计的问题要有启发性，引导学生厘清知识之间的联系，理性认识学习内容，形成解决问题的独特思路。设计的问题要有开放性，让学生积极发现、自主探索、拓展思路，在问题解决中激发创造性思维，对问题进行创造性解答。如让学生分析“黄土高原的治沟造地”时，引导学生通过探究依次递进的问题链，围绕治沟造地与综合整治，进行抽丝剥茧、层层深入的思考，在质疑—释疑中去推理和实践，进而发展创新思维，最终获得必备的高阶地理思维能力（表 2）。

表 2 “黄土高原的治沟造地”的问题进阶设计

思维层次	探究问题	设计理念
记忆、理解	黄土高原的气候、植被和土壤具有哪些特征？为什么容易发生水土流失	掌握基础知识：了解黄土高原的基本特征，厘清黄土高原发生水土流失的主要原因
分析	以延安市为例，治沟造地的主要措施包括哪些？如何进行植被恢复和防止水土流失	分解整体材料：结合具体案例，联系当地生产条件，明晰治沟造地保持水土的基本原理
评价	治沟造地对当地生产条件有哪些改善作用？对当地的生态、经济、社会带来了哪些影响	做出价值判断：寻找支持材料，对治沟造地的改善作用进行解释，对治沟造地的效果进行合理的说明
综合	治沟造地与水土流失之间具有哪些关系？黄土高原综合整治模式有哪些特点	论证和归纳：对治沟造地进行整体思考，概括治沟造地的要点，总结区域生态保护和改善的优化方法
创造	依托当地土地整治项目，设计一个治沟造地的具体方案，提出保持水土的具体内容	创造性探索：因地制宜，从工程设计角度进行科学规划，形成治沟造地的创新思路

四、结论

问题设计是问题式教学的重要环节，以高阶思维引领问题设计可以促进学生深度学习的发生。在高阶思维引领下，问题设计隐含知识发现的进阶过程，使学生在问题解决过程中不断发展核心素养。问题设计在激发学生学习兴趣的同时，利用探索体验引发学生的积极思考，鼓励学生的分析、评价、创造等高阶思维，积极培养其良好的思维习惯，从而不断提高其思维能力，实现学科核心素养培育的目标。

参考文献：

［1］林勤．思维的跃迁：高阶思维能力的培养及教学方式［M］．上海：华东师范大学出版社，2015.

［2］吕崧．问题启迪思维："问题链"在初中化学教学中的运用［M］．上海：上海交通大学出版社，2014.

［3］汤明清．指向高阶思维的课堂提问策略探究［J］．基础教育课程，2019（19）：41-47.

［4］闫寒冰．学习过程设计——信息技术与课程整合的视角［M］．北京：教育科学出版社，2005.

单元教学“问题链”的编制研究

——以高中物理为例

方　林[1]　陶士金[2]　高爱英[3]

一、问题链的含义

所谓“问题链”，是指依据一定的教学目标，按照一定的逻辑结构精心设计的一系列问题集合。从单元教学视角来看，可以将问题链分为“单元教学问题链”和“课时教学问题链”，其中单元教学问题链含义更为广泛，是指教师在一定的教学单元范围内，按照单元教学目标设计出的一组核心问题。由于单元教学归根结底还是要通过一节节课来组织实施，所以单元教学问题链需要具体细化为每一节课的课时问题链。因此，可以这样认为，单元教学问题链就是将某一教学单元的若干个问题包（各课时教学设计的问题链）像链条一样串在一起所形成的“集合”，这样形成的每一个问题链都是一个不可分割的有机整体，每个整体又是由一个个子集（问题包）结合而成的集合。研究单元问题链的编制，有助于教师在大单元的视角下，以问题驱动的方式引导学生参与到学习活动中，进而促进学生学科核心素养的养成。

二、设计问题链的原则

（一）依据课程标准

课程标准是实际教学的指导性文件，它给出了每个模块或主题的“内容要求”“教学提示”“学业要求”等，因此问题链的设计必须要依据课程标准，并在立足教材、分析学情的基础上用心编制，即应根据教学内容，先研究课

① 方林，安徽省合肥市巢湖市第四中学，高级教师。
② 陶士金，安徽省合肥市教育科学研究院，高级教师。
③ 高爱英，安徽师范大学物理与电信学院，高级实验师。

程标准中相应的内容要求，然后对使用的教材以及学情进行分析，最后确定主要的学习目标和教学的重难点，这样做才能使问题的针对性、指向性更强，才能有效落实对学生学科核心素养的培育。如《普通高中物理课程标准（2017年版）》（以下简称“课程标准”）中对“机械能守恒定律”这一单元的内容要求是：理解功和功率，了解生产生活中常见机械的功率大小及其意义；理解动能和动能定理，能用动能定理解释生产生活中的现象；理解重力势能，知道重力势能的变化与重力做功的关系，定性了解弹性势能；通过实验，验证机械能守恒定律；理解机械能守恒定律，体会守恒观念对认识物理规律的重要性；能用机械能守恒定律分析生产生活中的有关问题。[1] 在此基础上，可以将本单元的学业要求提炼为表1所示内容。

表1　“机械能守恒定律”单元学习要求

物理观念	具有和功与机械能相关的初步的能量观念
科学思维	能在运用机械能守恒定律解决问题时建构物理模型，通过推理获得结论，从机械能转化和守恒的视角解决动力学问题，体会守恒的思想
科学探究	能完成“机械能守恒定律”等物理实验
科学态度与责任	认识科学规律的建立需要实验证据的检验

基于此，我们可以将本单元的问题链设置为图1所示内容。

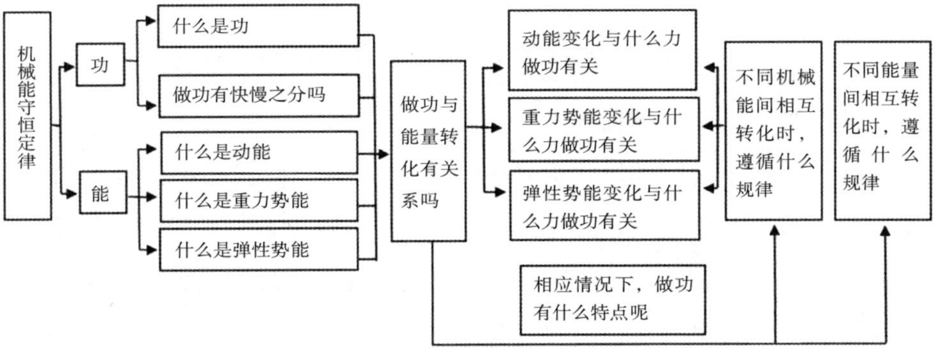

图1　“机械能守恒定律”单元问题链

图 1 中的问题链既突出了本单元教学的重难点，又体现了学习本单元的基本线索——逐步深入地理解功与能的概念及各种功能关系。

（二）注重统筹兼顾

设计问题链时要统筹兼顾，特别是设计单元教学问题链时，既要从宏观上统筹整个单元，又要兼顾各课时的教学。因此，可以将单元问题链设置成由几个核心（或关键）问题链组成，每个核心问题链又由各课时问题链组成，这样就做到“统筹兼顾”“错落有致”了。如高中物理必修一“相互作用与运动定律”这一单元教学，依据课程标准，本单元的教学目标主要定位于：认识几种性质力，能用共点力的平衡条件分析生产生活中的问题；理解牛顿运动定律，能用牛顿运动定律解释生产生活中的有关现象、解决有关问题。所以从单元视角来看，本单元的核心问题链可以设计为图 2 所示内容。

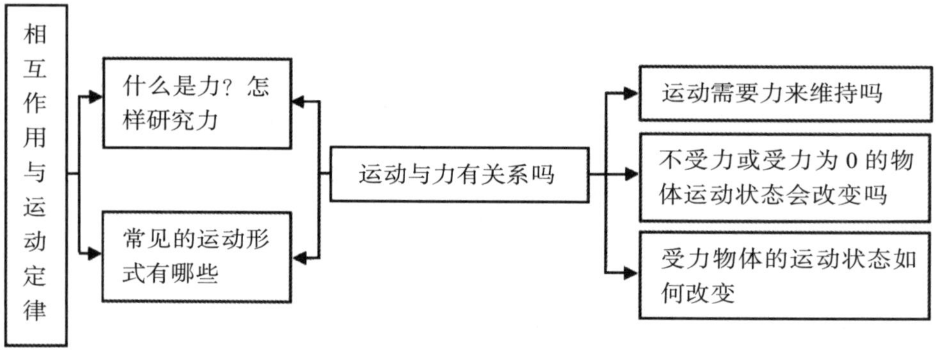

图 2　“相互作用与运动定律”单元问题链

此外，当涉及某一课时教学时，也应该有基于本节课教学目标的问题链，它比单元教学的问题链更为具体。如“重力与弹力”这一课时的教学，为研究弹力的产生与特点等，教师可以在关键步骤设置一些问题，引导学生自主学习。例如：①弹力的产生条件有哪些？②弹力的方向怎么规定？③生活中有哪些常见的弹力？它们的方向如何？④弹力的大小与什么因素有关？⑤如何判断弹簧弹力的大小和方向？等等。

（三）注重启发性与开放性相结合

问题链设计的目的之一就是培养学生的科学思维，包括模型建构、科学推理、科学论证、质疑创新等要素。在课堂教学中，教师应充分利用学生的思维发散力，让学生主动探索物理新知识，因此教师所设计的问题应具有一定的启发性，不能一概将答案设置为“是或否”“可以或不可以”“能或不能”等，而是要基于物理学科知识的逻辑关系或一定顺序提出一些问题。教师要做好引导，让学生在思考的基础上，针对问题进行交流讨论，通过师生、生生之间的互动激起思想上的碰撞，从而加深对物理概念与规律的理解。

此外，问题链的设计可以具有一定的开放性，这些问题不一定有唯一答案，且形式可以多元、答案可以多样。尤其是当教学过程中产生超出教师预设的新问题和新情况时，教师可以及时提出有创意、有价值的新问题，激发学生更深层次的思考[2]，这对提升学生探究意识、创新能力等均有益处。例如，在“实验：探究加速度与力、质量的关系”课时教学中，对于该实验的原理和装置的教学，教师可以设置如下问题链：

问题一：为什么要平衡打点计时器对小车的阻力及其他阻力？

问题二：怎样平衡该阻力？

问题三：根据什么来判断已经平衡好了？

问题四：整个实验过程中是否需要多次平衡阻力？

问题五：阻力平衡好以后，小车的合力是哪个力？它等于重物的重力吗？如果不相等，哪个更大？

问题六：什么条件下才可以将重物的重力看成平衡阻力后小车的合力？

问题七：这样处理数据会引起什么误差？

问题八：为减小这一误差，我们可以怎样处理？

问题九：为消除这一误差，我们可以怎样设计实验？

上述九个问题中，问题八与问题九具有开放性，学生可能会给出若干种方案，如控制小车质量远大于所挂重物质量、运用拉力传感器测绳中拉力、运用弹簧测力计测绳中拉力等。这样设置出的问题链着眼于学生思维的提升与拓展，每个问题不仅仅停留在“完成实验”这一最基本要求的范畴，还要求学生在理解实验原理的基础上，创造性地提出自己的设想，在思考中提升和锻炼自身的思维能力。在课堂中多次采用类似的问题链进行教学，将更容易使学生形成思考的习惯，从而实现对推理论证、质疑创新、科学探究等素养的渗透与培育。

（四）注重科学性与趣味性相结合

无论是单元教学问题链的设计还是课时教学问题链的设计，都应将科学性与趣味性结合起来。所谓科学性，是指设计的问题要正确且表述准确，问题要符合本学段学生的认知规律与逻辑思维能力。而趣味性，是指设计的问题可以适当生动或者有趣，用以活跃课堂气氛，调动学生学习的积极性，从而让学生积极参与到教学活动中。托尔斯泰说过，“成功的教学所需的不是强制，而是激发学习爱好”，这说明在某种意义上，学习的动力来源于兴趣。因此在实际的课堂教学中，教师设计问题链时要注意将科学性与趣味性结合起来，促进学生主动学习，提高实际教学效果，实现学生能力的提升。

如在“运动的描述”单元教学中，我们可以设计如下问题链：

问题一：对于生活中随处可见的运动的物体，例如滚动的足球、玩耍的孩童、行驶的汽车、翱翔的雄鹰、飞行的卫星……我们如何准确地描述它们的运动呢？[3]描述时有哪些困难，怎样突破这些困难？

问题二：如何准确描述一辆行驶的汽车所处的位置？

问题三：生活和科学研究中经常需要知道物体位置变化的快慢和方向，如何比较位置变化的快慢？

问题四：描述物体位置变化的物理量是速度，速度变化也有快慢之分吗？如果有，你怎么比较速度变化的快慢呢？

上述从单元角度设计出来的问题链中，足球、孩童、汽车、雄鹰、卫星等素材均取自生活实际，是学生耳熟能详的事物，问题一抛出就会吸引学生的注意力，调动其学习的积极性，使其全身心投入到学习中来。可见，选择学生感兴趣的事物作为问题情境，既可以调动学生学习的主动性，让其在轻松活泼的教学氛围中学习，又可以降低学习知识的难度，为学生搭建学习新知识的台阶。

再如，在“平抛运动”课时教学中，可以设计如下问题链：

问题一：飞镖比赛中，为什么有的飞镖没击中靶心？要想击中靶心，应该怎么做？

问题二：如果不计阻力，飞镖做的这种曲线运动是平抛运动吗？

问题三：在投掷飞镖运动的基础上，你还有哪些方法能得到平抛运动的轨迹？

问题四：飞镖在飞行过程中的位置如何确定？在此基础上，如何求解平抛运动的位移？

问题五：飞镖在飞行过程中的速度如何确定？在此基础上，如何求解平抛运动的速度？

实践证明，将飞镖比赛作为问题链线索来创设情境，能快速吸引学生的注意力，使其积极主动地进入探索“平抛运动的概念与规律”的活动中。

（五）注重针对性与层次性相结合

问题链的设置应该具有一定的针对性，不能为了问问题而随意设置问题，应根据教学内容的要求，把握好本单元或本节课的教学目标，这样设置出的问题链就具有了一定的目的性与指向性。[4]

例如，在“电路及其应用”单元教学中，我们可以对“半偏法测电阻”实验教学问题链进行如下设计：

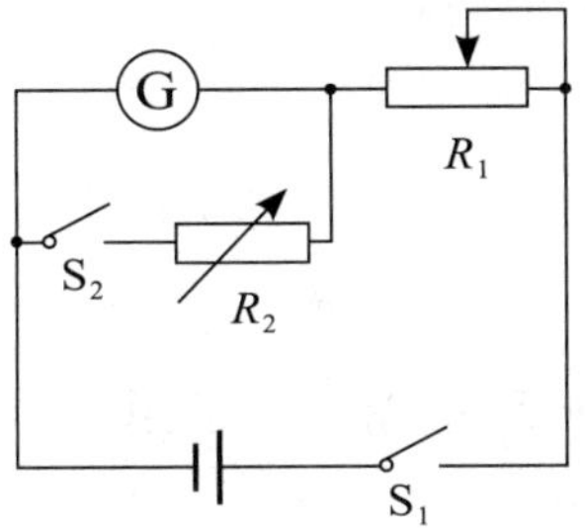

问题一：R_g 的测量值为什么等于 R_2？

问题二：为什么不能认为半偏法测电阻与替代法测电阻原理相同？

问题三：半偏法测电阻得到的结果偏大还是偏小？

问题四：怎样减小该测量误差？（分别从定性和定量两个角度来思考）

问题五：R_2 可以用滑动变阻器替换吗？R_1 可以用电阻箱替换吗？为什么？

问题六：除了半偏法，可以用 2/3 偏法吗？还有其他测量方法吗？

这样设计的六个问题针对性很强，直指该实验教学的两个关键——实验原理与误差分析。解决这些问题，既可以加深学生对实验的理解，又可以落实对其科学探究、科学思维、科学态度与责任等素养的培育。

此外，问题链的设置还必须对应学生的已有知识水平，具有一定梯度，不能过难或过易，因为问题太易学生提不起学习兴趣，问题太难又会让学生失去信心。同时，并非所有的问题都能激发学生的思考，一些僵化的、形式上的问题，往往会起反作用，所以教师要从简单的问题开始，步步启发、层层深入、逐步引导，设计出具有一定层次性的问题链。这就要求教师必须在了解学情、对学生的已有知识进行深入分析的基础上设置问题链，并且将问题链设置在学生认知结构中的“已知区”和“最近发展区”的结合点，这样做有助于学生的原有认知结构对新知识的同化，使原有结构不断得到补充与完善，最终完成对新知识的内化。

例如，在“摩擦力”课时教学中，针对“静摩擦力”的教学，考虑到学生在初中阶段已经学习过摩擦力的相关知识，教师可以这样设置问题链：

问题一：在回忆初中所学内容的基础上，想一想，你们学过哪些摩擦力知识呢？

问题二：课桌放在水平地面上，用力推课桌时，课桌为什么没有运动？

问题三：静摩擦力的产生条件是什么？

问题四：木块静止在水平桌面上，不用外力去推时，它有没有受到摩擦力？

问题五：用弹簧测力计轻轻拉木块，但木块不动，木块有没有受到摩擦力的作用？

问题六：（在实验的基础上）静摩擦力的大小与拉力大小在数值上有何特点？依据是什么？

问题七：静摩擦力的大小是一固定值吗？

问题八：（综合前面的探究）静摩擦力有哪些特点？其方向如何？

问题九：静摩擦力一定产生于静止的物体之间吗？

在上述问题链中，如果缺少问题一、二、四、六，直接将其余各问题组成问题链，则每个问题之间的跨度太大，显得非常突兀，且对学生要求太高。增加这几个问题，相当于在问题与问题之间设置了几个“台阶”，这样的问题链比较有层次，每个问题之间衔接合理、自然，既有利于学生科学思维素养的提升，又能促进学生对物理概念和规律的深入理解。

三、问题链编制中容易出现的问题

（一）问题设置过于随意

有的教师在编制问题链时往往非常随意，设计的问题仅停留在“疑问”的角度；或者将问题的功能仅运用在对知识的回忆、识记或再认进行考查的层面，过于肤浅，未能使之上升到更深层次的认知功能。如多次将“会不会”“能不能”“是不是”“对不对”等作为问题链的组成部分，这样会导致学生对问题的思考不够深入，对物理概念与规律的理解不够透彻，对学科核心素养的培育也就无从谈起了。

（二）问题脱离情境

情境学习和建构主义理论认为，学习与学习发生的情境是紧密相连的，学生的学习过程即学习者在学习情境的帮助下，实现自身对知识主动建构的过程。课程标准中指出，应用物理知识解决具体问题，应结合具体的实际情境，生产生活中具有很多能生成有价值的科学探究问题的情境。[1] 因此，教师需要把实际生产生活中的素材转化为相应情境中的物理问题，而学生运用物理知识解决实际问题能力的高低，往往取决于其将情境与知识相联系的水平。在物理教学中，应让学生获得在实际情境中解决物理问题的大量经验，形成把情境与知识相关联的意识和能力。[1]因此教师设置问题时务必不能脱离实际情境，必须选择与生产生活联系密切的素材来创设问题情境，鼓励、引导学生基于物理学科核心素养来解决生产生活中的问题。

（三）将解决问题等同于解题

问题并非习题，然而有些教师认为问题链就是“习题组”，将问题的提出到解决的过程等同于求解练习题的过程。问题着眼于学习和思考，而习题是用作教学练习的试题，二者目的不同，前者注重学科素养与思维能力的提升，后者则是让学生巩固已经学习过的知识、训练未成熟的技能等[5]。从某种意义上来说，解题注重的是结果，解决问题除了注重结果，还注重过程。

（四）轻过程、重结果

问题往往由教师设计，学生一般处于解决问题的被动一方，加上我国现阶段一个班级有几十个学生的特点，导致一节课上往往只有少数学生能获得回答问题的机会；再加上频繁考试引起的课时紧张问题，甚至有教师在课上通过自问自答走完“流程”。这样的课堂教学，没有给学生留下足够的思考与讨论的空间，没有让大多数学生参与进来，不仅不能锻炼学生的思维能力，反而会让他们丧失思考的机会，导致其思维逐渐钝化。

基于问题链的教学中，一节课的流程往往为“创设问题情境—教师提出问题链—学生思考、讨论、交流—教师给出参考答案”。然而学生的答案往往与教师的期望不太一致，经常出现不够准确甚至错误的现象。这种情况下，有的教师急于抛出自己预设好的参考答案，或者只挑选个别物理成绩好的学生回答问题，久而久之，那些“不被选中的大多数”学生就容易对物理失去兴趣、丧失信心，被动地接受答案，导致他们没有得到思维锻炼的机会，无从培养科学素养。

总之，在物理课堂中通过构建问题链来进行单元教学，有助于学生对知识的结构化把握，激发学生的问题意识，强化学生的科学思维，进而有效落实物理学科核心素养的培育。如何有效地设计好单元问题链，还有很多值得进一步研究、讨论的地方。

参考文献：

[1] 中华人民共和国教育部 . 普通高中物理课程标准（2017 年版）[S] . 北京：人民教育出版社，2018.

[2] 陈辉 . 高中物理“问题链”教学模式的思考 [J] . 湖南中学物理，2017，32（6）：4-6，27.

[3] 人民教育出版社课程教材研究所，物理课程教材研究开发中心 . 普通高中教科书 物理 必修 第一册 [M] . 北京：人民教育出版社，2019.

[4] 方林，陶士金，许新胜 . 浅议高中物理单元教学问题链的设计与实施——基于“静电场”单元教学案例 [J] . 物理教学探讨，2020，38（3）：77-80.

[5] 陶士金，方林 . 刍议高中物理教学中的“问题链”设计——兼及单元视角 [J] . 教育研究与评论（课堂观察），2020（1）：51-54.

第二节　问题与议题设定

议题式教学的要素与初心

步翠岭[1]

2018 年 11 月 29 日，笔者参加了教育部基础教育课程教材发展中心在浙江宁波举办的“第五届全国基础教育课程教学改革研讨会”。在思想政治学科研讨会分会场，来自江苏的严宏亮和来自浙江的鲁新民两位老师分别执教了高中思想政治《生活与哲学》“价值与价值观”“价值判断与价值选择”两个框题，都采用“议题式教学”做了精彩的课堂展示。本文结合这两节课例，以普通高中思想政治课教学为例，谈谈议题式教学中议题设定的关键要素与初心。

一、把握议题关键要素，打造教学互通“立交桥”

议题、情境、任务、知识是议题式教学活动的四个关键要素。四个要素有机融合、浑然一体，才能促成深度学习的发生，成为打通教与学、习与思、能力与素养的“立交桥”。因此，教师是否能够准确把握四个关键要素，根据教学主题和学习者生活、学习特征确立适切的学习场景，是议题式教学活动顺利开展的关键。

1. 议题：议题式教学的“发动机”

议题是课堂教学的中心，也是一节课中教与学的主线，其思辨性、引领性及适切性将直接决定教学目标的达成度及课堂探究的活动效果。议题之于课堂教学就像一辆汽车的发动机，汽车发动机是为汽车提供动力的装置，是汽车的“心脏”；而一个好的议题将为教学提供源源不断的能量和动力，为课

---

① 步翠岭，山东省菏泽第一中学教师，中学高级教师，菏泽市教育科学研究院中小学政治教研员。

堂探究、学科素养生成增添无限可能。

严老师的课确定的议题为“人们为什么有不同的价值观”。从形式上看，该议题采取直接提问的方式，将问题直观呈现，没有明显的路径限制，学生有话可说，具有较强的思维冲击力。从承载的课程内容上看，议题本身即内容：“不同的人为什么有不同的价值观”正是本节课的重点。鲁老师的课以“价值判断与价值选择——从‘绿水青山就是金山银山’的余村实践说起”为议题，前半句是课程内容的直接表达，后半句则是情境介入，属于陈述性议题，没有直接的思维碰撞，但该议题选择浙江余村为典型情境切入，符合学生的认知状况及原有经验，有利于调动学生参与的积极性，提升教学的目标性和实效性，且易于活动的组织与开展。

议题式教学是活动型学科课程的重要实施形式，而议题的确定则是活动实施的关键。就议题的形式来说，一般具有开放性和引领性；就议题的内容来说，既包含学科课程的具体内容，又展示价值判断的基本观点，能够体现教学重点，针对学习难点。一节课的知识点可能较多，但议题的设置不必面面俱到，只需抓住重点或难点即可。

2. 情境：议题式教学的“润滑剂”

任何知识均来源于生活，在生活中得以发展、完善；知识又指导生活，应用于生活，让我们的生活变得更美好。因此，所有议题均须在生活情境中展开才具有实际意义。课堂情境是生活的模拟或现实世界的模型，典型的情境能够使课堂成为一个有磁力的“学习场”，能够为课堂学习、思考增加趣味性，有利于学生学科素养的养成。作为议题式教学的“润滑剂”，真实的情境能够起到润滑学生思维、减少探究障碍、保持学习动力、增强现实感和意义感的作用。

本次教学研讨活动在宁波市鄞州中学进行，严老师以“鄞州电镀园区的整治”为背景，以文字为主、图片为辅，模拟不同行业市民面对的真实情境：鄞州电镀园区建设于2002年，占地523亩，是浙江省最大的电镀城。随着环境保护要求的不断严格和群众对环境治理呼声的不断提高，电镀园区虽几经改造，但曾经的集中生产模式已不能满足相关要求。整治提升涉及众多群体的切身利益，推进过程中困难重重。51 家企业，1597 个车间、384 家租赁户、9200 余名职工怎么安置，遗留问题怎么解决，都必须认真对待。此情境就发生在学生身边，学生感同身受，材料简明扼要但信息丰富复杂，此情境为学生创造了“经济发展与环境保护”“企业效益与群众利益”“政府决策与遗留问题”等诸多激发价值冲突的思考空间，涉及园区、企业、职工、居民、政府等诸多主体，同时承载着“价值观的差异”这一内容。

鲁老师的课堂故事以“余村故事”“浙江故事”“我的故事”为线，从余村 15 年前后的发展对比出发，将一个村庄的发展融进我国改革开放的宏观叙事之中，先后展示余村由以前“靠山吃山”的“矿山村”“首富村”，到今天远近闻名的“旅游村”“明星村”；由原来污染严重、事故频发的“穷山恶水”，到今天青山环绕、溪水绕村的“青山绿水”这一跨度 15 年的发展历程，配以大量数据及图片，具有强烈的视觉落差和代入感。在这一过程中，鲁老师针对余村“矿之殇”的发展困境和转型后村庄未来的发展规划，设计了“模拟村民大会”和“村情民意恳谈会”两次情境活动，较好地调动了学生参与的积极性。

议题式教学的情境不是现象、数据、图片、视频的简单罗列，也不仅是为表演而表演的“角色模拟”，而应是具有真实性、结构性、典型性的若干条件、信息的整合，且与学科内容紧密相关，具有一定的挑战性，能够激发学生参与的动机，有助于由生活向知识，再由知识向生活的转化、迁移。

3. 任务：议题式教学的“驱动轮”

恰当的活动任务能够给课堂活动的开展提供强大而持久的驱动力，没有任务的学习活动，效果将会大打折扣。在中心议题框架下，开展学生自主或合作探究活动，还需要进一步分解活动任务，一方面可以使学习活动的目标更明确，另一方面有利于推动中心议题分步骤、有层次地解决，进而促使高认知、高阶思维的发生。

在“人们为什么有不同的价值观”这一议题背景下，授课教师设计了四个探究任务，分别是：“探究一：对于园区整治，你的态度是什么？理由是什么？”“探究二：对于这样的整治方案，你是否认可？为什么？”“探究三：我们对绿水青山和金山银山关系的认识，为什么会发生变化？”“探究四：作为政府相关部门代表，你要去做他们（指整治中被淘汰企业的职工）的工作，准备从哪几个方面进行？”（前两个探究中的“你”均指企业职工、企业负责人、附近居民、政府有关部门等）。四项任务在议题解决过程中逐一呈现，遵循了“是什么”“为什么”“怎么办”的认知秩序。在情境活动的不同阶段，不同角色的学生均能够明确自身的任务，每一阶段学生都能不断地获得成就感，激发他们求知探索的欲望，逐步形成一个情境感知—任务驱动—目标达成—回归情境的良性循环。

“价值判断与价值选择——从‘绿水青山就是金山银山’的余村实践说起”这一议题由于侧重知识与情境的结合，没有明确的任务设置，因此，授课教师又将其分解为“矿山要不要关（关停矿山值不值）？”“规划余村未来发展（未来该怎么走）”两个任务型分议题。在回顾余村 15 年前“开矿致富”的故事时，“矿山要不要关？”这一任务无疑给进入情境的学生（模拟村民）带来较大的价值冲突，使他们“有话要说”；在观念转变后第二阶段，讨论余村未来的发展规划，又给学生较大的自由发挥空间，使他们“有话可说”；在“我的故事”阶段，给予学生“致敬新时代，奔向高质量的人生”这一任务话题，让学生谈余村发展带来的启示，寄语新时代，升华了情感，使他们“有话能说”。

要使议题教学的任务更好地实现驱动作用，还需要实现从“关于学习的评价”向“为了学习的评价”转变，这就要求授课教师不仅要收集学生学习任务执行的结果，更要关注学生任务执行的过程、外显行为表现特征以及学习方式、思维路径以及可持续学习能力与动力等。

4. 知识：议题式教学的“传动轴”

再精彩的课堂活动缺少了学科知识的依托，就失去了课程教学的本来意义。但获得知识不是议题式教学的最终目的，知识不仅是学生解题的依据，还是学生关键能力、学科素养、价值观念形成的媒介和载体，是学生思想力、创新力与现实世界发生“化学反应”的“传动轴”。思想政治学科和其他学科一样也有自己的具体性、细节性知识，既有关于“是什么”“为什么”的概念性、事实性知识，又有关于“做什么”“怎么做”的程序性、策略性知识。议题式教学就是要实现由抽象知识向具体实践、由书本知识向解决生活中现实性问题的迁移、拓展。

《普通高中思想政治课程标准（2017年版）》（以下简称“新课标”）对本课“内容要求”的规定为“领悟社会存在决定社会意识，理解价值观的形成与时代和环境密切相关；解析价值观差异与冲突产生的社会根源，能够进行合理的价值判断和行为选择”。这两节课涉及的显性学科知识主要有：社会存在与社会意识的含义及关系、价值观的含义及本质、价值判断与价值选择的特点及标准等。两位老师都没有在议题探究中生硬地“嵌入”知识，而是引领学生在解决真实问题的过程中自然地认识、运用学科知识，虽然学生开始时对知识的理解、认知并不深刻，但是对“价值与价值观”“价值判断与价值选择”等学科知识却并不感到陌生。在这里，知识是作为解决问题的手段而非目的存在的。

可见，议题式教学中，学科知识是一定不能缺位的。议题探究过程应是在教师指导下，学生透过不良结构情境呈现的表面现象，去粗取精、去伪存真地认识生活本质的过程，或者是运用学科知识，删繁就简、拨云见日地解决真实复杂的现实问题的过程。如果课堂教学仅就知识论知识，为考试而背知识，就与议题式教学的初衷背道而驰了。

二、坚持议题教学初心，聚焦学科核心素养

新课标对思想政治课程性质的定位是：以立德树人为根本任务，以培育社会主义核心价值观为根本目的，是帮助学生确立正确的政治方向、提高思想政治学科核心素养、增强社会理解和参与能力的综合性、活动型学科课程。因此，议题式教学只是高中思想政治课教学活动的手段和形式，无论是教学设计还是活动实施，最终都应落脚至思想政治课教学的“初心”：培养具有正确价值观，具有运用思想政治学科知识和学科思维方式解决真实的复杂情境问题的能力和学科核心素养的、适应未来时代发展需要的人。鉴于此，议题

式教学应秉承思想政治课程的理念与初心，引导学生经历学习、思考、探究的过程，最终使学生具有独有的思想政治学科思维方式及独特的学科气质。

1. 设计议题的初心是促进学习方式的转变，让深度学习真实发生

所谓深度学习，是指学习者积极地探索、反思和再创。议题本身是否具有思辨性、探究性、挑战性，是否是具有普遍意义的典型性真问题，是否坚持学生立场等，对学生参与的积极性和深入程度十分重要。在教学中，为了吸引学生眼球，不少教师设计的议题华而不实，经不起推敲、验证，缺少层次性和探究价值；议题情境仅限于大量图片和视频堆积，信息过于杂乱或过于简单，缺少整合性和结构化；选题选材滞后于时代发展或偏离教育主题，导致学生参与的积极性虽高，但思维仅停留于感性认识层面，课堂成为“情绪宣泄”“才艺表演”“知识复述”“现象罗列”的“杂货铺”，教学触及不到学生的灵魂，学生体会不到思维的乐趣，理解不到知识的本质。

近年来，对于我国环境治理的力度和成效，学生都有切身感受，“电镀园整治”“余村转型”这些都是当地学生耳熟能详的现实情境，“用命（生态效益）换钱（经济效益）”还是“用钱买命”？这是一个值得讨论的、有意义的议题。从“用绿水青山换金山银山”到“既要绿水青山，又要金山银山”，再到“绿水青山就是金山银山”，这一转化过程不仅是时代发展沧海桑田的变迁，还是蕴含着人们“价值判断和价值选择”的历史性发展；不仅是改革开放40年艰苦探索的见证，还含有对“非此即彼、非彼即此”二元对立论的思维澄清。课上，学生探究思考的不仅仅是“矿山要不要关”这一事实判断与选择问题，还有“关停矿山值不值”的价值判断与选择的问题；不仅要思考怎样才能“站在最广大人民的立场上”解决现实问题，还要尝试深入思考转型后的“新发展问题”。在学生自我分析、质疑辩论、互动交流中，学习方式发生了转变，深度学习、思考真实发生。

2. 议题式教学的初心是实施活动型学科课程，培育学科核心素养

新课标倡导的议题式教学，就是要通过课堂思维活动或社会实践活动，避免让学生掉进“死记硬背”知识的窠臼，以培育学生终生受用的思想政治

学科素养。议题式教学紧紧围绕中心议题，开展以“共享思想、辨析论证、追问反思、实践落地”为逻辑主线的学习活动，在真实情境任务中，学生以知识为据，以思维为桨，实现由如何“解题”向怎样“做事”、由怎样“做事”向如何做一个“有信仰、有思想、有尊严、有担当的人”的进阶。

真实而丰富的事实信息，严谨而极具挑战性的理论辨析为学生提升思维能力、养成科学精神提供了前提；“电镀园”整治过程的“亲身”经历，“余村”发展的客观数据，公民权利与诉求的真实、合理表达，促进了学生法治意识、政治认同素养的发展，使学生增强了中国特色社会主义制度自信、道路自信；“值不值”“该不该”“要不要”的探究与讨论磨炼了学生对人生、对生活的价值判断力；“矿主”“职工”“村民大会”“村情民意恳谈会”又大大提升了学生的社会理解能力和参与能力。从改革开放之初的“余村故事”，到历经 40 年改革开放风雨的“浙江故事”，再到今天正在为梦想而努力的“我的故事”，三个故事有一个共同的主题：奋斗。在教学的最后，执教教师展示了浙江省 7 位入选“中国改革开放 40 年杰出人物”的事迹材料，提示学生选择其中自己最为熟悉的一位，说说其上榜的理由，并以“致敬新时代”为题给自己书写一段寄语。作为情境任务的回归与学生自我反思的环节，这一环节虽然与学科知识无直接关系，却点亮了本节课的结尾，内化了学科知识，引领了价值导向，回到了教育教学“立德树人”的初心。

总之，努力让确立的“议题”看得见“思维”，选择的“情境”够得着“生活”，设置的“任务”抓得住“学生”，学习的“知识”接得上“时代”，议题式教学才能守得住教育的“初心”，才能在“现在的场域”下培养出“面向未来生长”的人，思想政治课才能上得更加“有回味”“有品位”。

思想政治课教学议题的产生与设计

刘一俊①

在高中思想政治教学中，如何依据教材内容来开展议题讨论，对教师来说，最大的困难就是议题的确定。因为议题必须囊括教材知识，又要从活动、情境、观点或场景中产生。由此可知，在设计教学议题时有必要把议题进行细化，通过不断地细化来阐明知识点，尽量把纷繁芜杂的教材内容讲得具体而生动。[1]

一、生活化情境中产生议题

陈友芳教授曾说，学科核心素养其实就是把学生在课本上学到的知识和技能迁移运用到真实生活情境中的品格和能力。[2]为了更好地达到在教学中培育学生学科核心素养的目的，教师可以在教学过程中设置各种各样的生活化情境，以学科知识为线索，让学生在情境中掌握知识。学生通过研究情境来参透知识，通过研究生活中喜闻乐见的事物来掌握教材内容，在情境探究中学习，既趣味十足，又印象深刻，加深了对学科知识的理解。

如人教版高中思想政治《经济生活》第一课第一框“揭开货币的神秘面纱”，教师在将教材内容转换为教学内容时可以先设置一组生活化情境，由此产生议题。

【情境一】随着大棚蔬菜种植技术的逐渐成熟，许多菜农发现了其中的商机，纷纷学习大棚蔬菜的种植技术，在自家菜园上建起了大棚。大棚里种植的反季节蔬菜通常能在市场上卖出较高的价格，这既满足了人们的生活需求，也提高了蔬菜的经济效益。

【情境二】智能蔬菜种植技术采用全自动水培、微电脑控制，只要水箱里

① 刘一俊，安徽师范大学附属复兴中学思想政治学科教师。

配置好营养液，设好开关，就会自动加水加肥，让人足不出户，在家就能种植蔬菜。城市中的许多居民在自家阳台上利用花盆种起了蔬菜，不到两个月就能吃上绿色、放心的蔬菜。

阅读情境一和情境二，可以让学生自觉比较“大棚蔬菜”和“花盆蔬菜”在用途上的差别，通过思考“同样是人们付出劳动种植出来的蔬菜，为什么大棚蔬菜是商品而花盆蔬菜却不是”来归纳商品的含义，并得出商品的两个基本属性。据此，教师可以拟定议题——由情境自主归纳商品的含义和基本属性。

二、探究性活动中产生议题

活动型学科课程的构建是《普通高中思想政治课程标准（2017 年版）》中提出的新要求，是思想政治学科课程聚焦核心素养培育的重要抓手。议题式教学是实施活动型学科课程的突破口，教师可尝试在组织学生开展探究性活动的过程中产生议题。探究性活动指学生要在生活与学习中观察现象、发现问题、制订方案、开展调查。在议题式教学中，教师可选取合适的内容来组织活动，在活动中生成议题。

同样，以人教版高中思想政治《经济生活》第一课第一框“揭开货币的神秘面纱”为例。在让学生完成上一个议题的基础上，教师可以设置以下探究性活动，进而生成下一个议题。

【活动】根据自愿原则选取五位学生分别扮演有盐的人、有棉布的人、有米的人、有茶叶的人以及有马匹的人，然后设计：有盐的人需要棉布，有棉布的人需要米，有米的人需要茶叶，有茶叶的人需要马匹。让五位学生分别进行交换，看能否交换成功。如果不能成功，则思考需要什么条件才能成功，其他同学有没有好的办法帮助他们成功交换。

通过这个小活动学生最终得出的结论是：此次交换成功的必要条件是，有马匹的人需要盐。这一系列烦琐的交换过程使学生切身感受到“物物交换”的不便，并通过进一步的思考和实践认识到，“货币作为商品交换的媒介，充当一般等价物”是商品交换得以实现的关键。据此，教师可以拟定议题——

通过此次的活动扮演简单叙述货币产生的过程，归纳货币的本质。

三、信息化场景中产生议题

当前，大数据时代已然到来，获取信息的能力成为衡量公民素质的一个要素。高中思想政治课程要与时俱进，就必须在课程教学中创造信息化场景，提升学生的信息意识。教师在教学时，可以有意识地组织学生针对某一议题涉及的内容上网查阅资料，然后对查到的信息进行整理，再进行班级汇报。

以人教版高中思想政治《经济生活》第四课第二框“我国的基本经济制度”为例。这部分内容较为抽象，看似与学生的实际生活没有太大关联，对于书中的一些专业名词，教师讲起来不太容易、学生理解起来也不容易。这种情形下，教师可以设计以下信息化场景：

【场景】教师利用学校的多媒体设备让学生在网上搜索与我国的基本经济制度相关的知识，包括我国经济制度的演变历程、我国的几种经济成分以及国有企业的运营等知识，让学生充分掌握第一手资料，通过自主学习对本课内容做一个初步的了解。

让学生自主搜索资料可以拓展学生的知识，提升学生对信息进行查找、判断、筛选的能力，也便于教师开展之后的教学工作。据此，教师可以设计议题——通过查阅资料了解我国基本经济制度的内涵，谈谈你对我国基本经济制度的认识。

四、辨析性观点中产生议题

科学精神是思想政治学科核心素养的重要内容。议题式教学可以就教材中学生容易混淆的部分设置辨析性观点，以辩论赛的形式让学生分别代表一方来展开辩论。辩论双方在“博弈”中逐渐拨开云雾，形成正确的价值判断，极大地提高科学精神素养。教师在设置辨析性观点时，要注意调动学生的学习积极性，激发学生的学习兴趣，鼓励学生独立思考。

仍以“我国的基本经济制度”为例。学生明白我国的基本经济制度主要由公有制经济与非公有制经济组成之后，自然会对公有制经济与非公有制经济做一番对比。公有制经济与非公有制经济的地位是什么样的？在中国，究竟哪一种经济形式更重要？针对这一内容，教师可以设置以下辨析性观点：

【观点一】公有制经济与非公有制经济都是社会主义市场经济的重要组成部分，所以公有制经济与非公有制经济在国民经济中的地位是平等的，在市场竞争中的地位也是平等的，依法平等使用生产要素，同等受到法律保护，依法接受国家监督。

【观点二】公有制经济与非公有制经济在我国经济中的地位不同，公有制经济在国民经济中占主体地位，在社会总资产中占优势。现阶段，非公有制经济已完成了协助公有制经济发展的重任，应逐步退场，最终被取缔。

观点一和观点二都是学生容易混淆的内容，须拎出来重点关注一下。两个观点中的内容均有对有错，学生应该在教师的引领下仔细辨析。据此，教师可以拟定议题——辨析上述观点，说说应该如何看待公有制经济与非公有制经济。

思想政治课中议题式教学的关键在于教学议题的设计。当然，议题的产生并不限于以上四种路径，关注学生的真实需求和实际困惑是议题设计的重要前提。思想政治课教学议题的设计是一个不断尝试和探索的过程，作为新时代的思想政治教师，应紧抓议题式教学的船桨，带领学生全力驶向学科核心素养的彼岸！

参考文献：

［1］王晓娜．议题式教学细化议题的探索［J］．福建教育，2018（43）：48-50.

［2］陈友芳．情境设计能力与学科核心素养的养成［J］．思想政治课教学，2016（9）：4-6.

高中思想政治教学中“议题”设定的路径

王德明①

议题并非一个冷僻词汇，生活中的每一个活动、每一次会议、每一轮谈判都离不开议题。《普通高中思想政治课程标准（2017 年版）》（以下简称“新课标”）首次将议题这个概念引入中学课堂，要求“通过议题的引入、引导和讨论，推动教师转变教学方式，使教学在师生互动、开放民主的氛围中进行”[1]。那么，议题与新课标中的诸多关键要素间存在着何种关系？高中思想政治教学中如何设定科学有效的议题呢？

一、厘清几对关系，全面认识议题

议题兼具学科课程的具体内容和价值判断的基本观点，既有开放与引领的特征，又能体现教与学的重难点。可见，议题与新课标中的大概念、教学主题、情境素材以及探究问题间存在着既有区别又有联系的关系。我们需要厘清这几对关系，揭开议题的面纱，对其有一个全面的认识。

（一）议题与大概念的关系

大概念是新课标提出的一个重要概念，以大概念为核心对学科课程内容进行结构化统整是新课标的要求。有人说，大概念就是议题。这种认识显然是不科学的。议题一定是问题，大概念只是一个词组，而不是问题，两者间存在着明显的区别。但议题的设定与大概念之间存在着密切的联系。普通高中思想政治课程是一门兼有经济、政治、文化、哲学、法律等诸门学科在内的综合性课程，要把多门学科内容整合在一起，就需要大概念，并将其作为知识体系建构的连接点。

如在“文化创新的途径”的新课教学中，教师设计的议题是“如何推进

① 王德明，江苏省苏州市第三中学教师，正高级教师。

文化创新”，这个议题中的“文化创新”就是一个大概念，以这个大概念为核心，包括文化创新的必要性、文化创新的意义、文化创新的根本途径、文化创新的基本途径以及文化创新要坚持正确的方向等，按其内在逻辑关系形成一个完整的知识体系。当然，大概念可以在模块内部，也可以在模块之间进行跨模块整合，从而使议题成为跨模块的综合性议题。如议题“如何推进文化创新”中选择的大概念是“创新”，以这个大概念为核心形成的知识体系就应该包括：①哲学中辩证唯物论的实事求是、解放思想，使主观与客观具体地、历史地统一；②辩证唯物主义认识论中，实践是认识发展的根本动力，任何真理相对于特定过程来说都是主观与客观、理论与实践具体的历史的统一，认识过程具有反复性、无限性、上升性；③唯物辩证法中树立创新意识的辩证否定观，唯物辩证法发展观要求坚持用发展的观点看问题；④唯物史观中的社会意识具有相对独立性，需要坚持与时俱进，通过改革使生产关系与生产力相适应、上层建筑与经济基础相适应等知识，与文化创新构成一个完整的知识体系，包括思维、认识、观念、文化以及制度等方面的创新。

（二）议题与主题的关系

议题一定是问题，主题一定不是问题，而是一项活动的中心思想。我们不能简单地把主题和议题完全等同起来，也不能完全把两者撇开关系。从一定意义上说，议题是主题的组成部分，一个主题活动可能有一个议题，也可能有多个议题。议题一定有“议”的价值和“议”的必要。新课标对普通高中思想政治统编教材（以下简称“新教材”）的四个模块提出了35个议题示例，主要包括“是什么”“为什么”和“怎么办”等类型。这充分表明议题一定是问题，有“议”的必要，也有“议”的意义。议题与主题具有一定的关联性，议题需要围绕主题提出，为一定的主题服务，不能“偏题”或“跑题”；主题需要对议题产生引领作用。就一节课来说，相对于一个主题所设定的议题的切口可小不可大，可少不可多，一般有一个完整的议题就足够了。如教学主题为“文化创新”，此教学主题下的议题可以是“什么是文化创新”“为什么要文化创新”“如何推进文化创新”等，主题与议题之间存在着密切的联系，议题与议题之间存在着严谨的逻辑关系，在多个议题的“议”一“议”中达成活动主题所指向的目标。

（三）议题与情境的关系

一定意义上说，议题与情境素材的关系是问题与话题的关系，这里的话题可以理解为情境素材。议题肯定是问题，但话题肯定不是问题，议题与话题的区别是显而易见的。但情境，尤其是主题情境，在新课标的议题式教学中具有很大的价值。新课标要求以主题为引领，使课程内容情境化，以促进学科核心素养的落实。显然，情境素材对议题式课堂教学目标的达成具有不可替代的作用，情境缺失就会导致议题失去探究的路径，空洞说理的“伪探究”就会大行其道。在议题为“如何推进文化创新”的教学设计中，教师选择的情境是汉字的产生和演变，以汉字之源、汉字之变、汉字之容、汉字之新、汉字之运五个教学环节揭示文化创新的途径以及需要坚持正确的方向。如通过仓颉造字的传说和秦始皇统一六国文字的史实，揭示文化源于实践又推动实践发展；通过介绍汉字从甲骨文、金文、篆字到当今简化字的演变过程，揭示对汉字的辩证认识和其发展历程；通过对近代“汉字不灭，中国必亡”的思辨，揭示文化创新需要对传统文化取其精华、去其糟粕；通过汉字拒绝拉丁化与汉语拼音的价值探究、现代汉语对日本“借词”的取舍，揭示认识文化创新需要坚持正确的方向以及面向世界博采众长的重要性；以文化创新中出现的“网络语言”“火星文字”“二简字”等现象揭示文化创新需要反对错误倾向；以“李约瑟之问”对汉字的走向献计献策等。教学设计所使用的情境完全围绕议题进行选择和整合，采取结构化的主题情境探究，使学习走向深入。

（四）议题与问题的关系

议题一定是问题，但问题不一定是议题。与具体问题相比，议题来自学科课程核心知识的转化，具有整合性和引领性的特征。从一定意义上说，议题与探究问题之间的关系类似于整体与部分、系统与要素的关系。相对于具体探究问题来说，议题具有统率地位和主导作用，所有具体探究问题的设计都需要围绕议题展开，否则就背离了课堂教学主题，不利于学生学科核心素养的培养和提升。同时，所有议题所承载的教学目标的达成也离不开具体问题的探究和解决，否则议题只是空中楼阁，学科核心素养也就无法落地。如依据议题“如何推进文化创新”设计的探究性问题是“如何正确处理文化创新与实践的关系”“如何正确处理文化创新与传统文化的关系”以及“如何正确处理文化创新与外来文化的关系”。这三个具体问题都是围绕“如何推进文化创新”这个议题展开的，这三个问题的解决均从正反两个方面解答了“如何推进文化创新”这个议题。可见，围绕议题设定的探究问题需要依据议题内部诸要素依次设计，如社会实践是文化创新的根本途径；对传统文化的正确态度及对外来文化的正确态度是文化创新的两个基本途径；文化创新需要坚持正确的方向，防止误入歧途；等等。这几层关系就成为探究问题设计的依据。

二、明确议题特质，科学设计议题

与大概念相比，议题是以大概念为核心的。与主题相比，议题是主题引领下围绕主题展开的。与情境相比，议题表现为问题，情境只是话题，我们需要在学科课程知识中提出议题，并结合学科课程知识把话题转化为可探究、值得探究的问题。另外，议题本身就是问题，但并非探究性的具体的问题，而是由核心知识转化出来的问题。朱明光认为“议题”的拟定很有讲究，设定的议题不仅要包含课程的具体内容，而且要展示价值判断的基本观点；不仅具有整合性、开放性、思辨性、引领性，而且体现教学重点，针对学习难点。[2]

首先，议题具有整合性。高中思想政治是一门综合性课程，包括经济、政治、哲学、文化、法律、道德等诸多学科领域；其学科核心素养包括政治认同、法治意识、科学精神和公共参与四项素养。高中思想政治学科课程的综合性要求教师在组织课堂教学活动时，以综合的视角注意知识的融会贯通，既包括模块内以大概念为核心知识的整合，也包括跨模块甚至跨学科知识的整合；既包括学科课程知识与情境话题的整合，也包括学科课程知识与当前时事热点、社会热点的整合，让学生在学以致用中深化对党和国家政策的认知、理解和支持。议题的设计不仅要考虑学科课程知识及其与重大时政社会热点的整合，还要关注学科核心素养的整合。我们知道，高中思想政治学科核心素养不是孤立的，四个核心素养之间存在着密切的联系。在议题的设定中可能会涉及多个学科核心素养，比如既体现了政治认同，也体现了法治意识和科学精神，教师在设定议题时不能顾此失彼，而要统筹兼顾，使议题中反映的学科核心素养都能够得到充分的重视和培养。如在议题为“如何推进文化创新”的教学设计中，通过汉语既不能拉丁化，又要发掘拉丁字母在汉语学习中的价值来培养学生的科学精神；汉语使用过程中拒绝“火星文字”“二简字”和不规范的广告用语，体现的是法治意识；为汉字未来发展献计献策则体现了公共参与素养的培养。要想使多个学科的核心素养在议题中得到整合并融合在学生的综合能力发展中，教师需要实施综合性的教学方式，采取多样的探究路径，兼顾知识的综合性、探究情境的复杂性、观察对象的差异性，促进学生的综合性发展。

其次，议题具备开放性。议题的开放性应该包括多个方面，如议题涉及的范围是开放的，议题“议”的过程是开放的。根据议题的不同，有些议题探究的结果可以是多样的。其一，议题所涉及的知识范围不局限于学科课程知识，也可以是跨学科知识，甚至是“家事、国事、天下事”，如社会中的热点问题、学生普遍关心的问题等，当前党和国家领导全国人民为抗击新冠肺炎疫情所做出的努力以及在抗击疫情中产生的感人事迹等都可以及时纳入议题。其二，议题“议”的过程是开放的。所有学生都对确定的议题有话可说、有感而发，所有观点都可以在“议”中得到呈现。其三，议题的结果可以是开放的。确定议题是新课标在课堂教学中贯彻和实施的关键所在，为此，我们需要设定明确的议题，但这并不意味着议题探究的结果只有一个标准答案，根据所“议”的内容，答案有可能是明确的，也有可能是开放多样的。议题式教学更强调探究过程中学生所显示的思维能力、调动学科知识的能力以及应变过程中显示出来的学科核心素养。如在“如何推进文化创新”的议题式教学中，教师以“李约瑟之问”为情境，让学生对汉字的未来发展各抒己见，就是一个开放性的问题，有学生提出了很多有价值的想法，也有学生在无法说服对方的情况下有所保留，但不管怎样，他们的思维能力和科学精神等都得到了提升。

再次，议题具有思辨性。从学生的自身情况看，他们来自不同的家庭，具有不同的家庭背景，接受不同的家庭教育，个性和天赋也千差万别。学生自身独立的个性、发展的差异以及选择的多变都要求教师设计合乎学生天性的、具有思辨性的议题，要让学生在具有思辨性的议题的辨析和体验中做出正确的价值判断和价值选择，使议题真正对其产生引领作用。

从议题的词义来看，议题应该是可“议”之题，之所以可“议”，是因为这个议题所涉及的项目非常重要、非常有意义，通过议题式教学，学生能够释疑解惑、认识问题、归纳缘由，找出解决问题的方案或者方法。所有的教学设计都需要围绕议题展开，议题必须是可“议”之题。人尽皆知、约定俗成，或者已经具备现成答案的知识性问题，本身就没有“议”的价值和“议”的必要，此类属于伪议题。

新课标中，“辨析”这个词汇出现达 25 次，这表明新课标对思辨性思维的重视。教师在组织课堂教学时，针对具有挑战性的复杂情境问题，需要摒弃直白式的教学模式，以辨析的方式将思辨性思维引入课堂教学中。如通过选择辨析性情境，设计思辨性问题，以争议、两难的方式将学生引入议题探究之中，帮助学生在辨析中真学、真懂、真信、真用马克思主义，在科学精神的培养中坚持正确的政治认同。如在“文化创新的途径”一课的教学设计中，文化创新与传统文化的关系、文化创新与外来文化的关系都存在着思辨，对于传统文化，不是全盘继承，而是取其精华、去其糟粕；对于外来文化，不是全盘接受，而是面向世界、博采众长，并通过文化创新坚持正确的方向，使思辨性思维得到进一步深化。

最后，议题具有引领性。议题不仅需要涵盖学科课程内容的重点和难点，还必须坚持正确的价值引领。由于议题与学科课程的大概念之间存在着密切的联系，以大概念为核心进行学科课程内容结构化统整有助于学科课程主题的确定和议题的设计，因此，议题必须具有引领性。

议题对情境的选择具有引领性。情境选择的好坏关系到议题式教学目标能否达成和学科核心素养能否落地、落实。因此，情境的选择和设计需要在议题引领下，围绕议题进行。探究问题的设计也要符合议题的要求，要有助于议题的解决。把情境与学科课程内容结合起来的情境问题既要反映以大概念为核心的知识建构，又要体现情境问题的结构化要求，发挥议题的价值引领作用。

"课程内容活动化"与"活动内容课程化"的相互嵌入要求课堂活动应符合和服从议题的价值引领，让学生真正做到学而思、学而行、学而用。信息化时代，学生的知识有多种多样的来源渠道，各种观点思想龙蛇混杂，教师需要通过设定合理的议题，坚持正确的价值导向，帮助学生辨清是非曲直，把学生的思想引入正确的道路。

参考文献：

[1] 中华人民共和国教育部. 普通高中思想政治课程标准（2017年版）[S]. 北京：人民教育出版社，2018.

[2] 朱明光. 关于活动型思想政治课程的思考 [J]. 思想政治课教学，2016（4）：4-7.

普通高中思想政治课议题式教学中亲和力元素的引入

孙智明[①] 张 志[②]

习近平同志在学校思想政治理论课教师座谈会上发表的重要讲话中提出了“八个相统一”的要求，为新时代思想政治理论课高质量教学把准了脉、指明了道，是思想政治理论课改革创新的基本遵循。

《普通高中思想政治课程标准（2017年版2020年修订）》（以下简称“新课标”）将思想政治课定位为综合性、活动型学科课程，并提出思想政治课教师要“增强思想政治课的思想性、理论性和亲和力、针对性”。[1]议题式教学的设计和实施是达成活动型学科课程的重要抓手，在议题式教学中引入亲和力元素是增加思想政治课亲和力的重要途径。本文以人教版普通高中思想政治（以下简称“新教材”）必修3《文化生活》部分的教学实践为例，就议题式教学中如何引入具有亲和力的议题、活动、情境、问题四个重要元素以提高普通高中思想政治课亲和力发表几点浅见。

一、确定有价值的议题，提升亲和力

新课标明确提出，“要通过议题的引入、引导和讨论，推动教师转变教学方式，使教学在师生互动、开放民主的氛围中进行”[1]。师生互动、开放民主的氛围可以使思想政治课更具亲和力。议题的设定会给学生带来心理学上的“首因效应”，让学生对课堂形成“第一印象”，是激发教学活动的总开关。议题所对应的热点话题及教材主题也对整体教学设计及教学实施具有统领性作用。

什么样的议题有利于教学在师生互动、开放民主的氛围中进行？研究表明：“只有具有思辨价值的问题或者话题，才能够成为高中思想政治课议题式

---

① 孙智明，湖南省长沙市教育科学研究院院长。

② 张志，国防科学技术大学附属中学教师。

教学的议题。”[2]因此，议题要能够引发学生的认知冲突、问题意识，注意批判性和建设性相统一，让学生经历一个“直面错误—纠正错误—确立正确的观念”的思维过程，使他们对所学知识的印象尤为深刻。

在新教材必修3《文化生活》第四课第一框“传统文化的继承”的教学中，教师确定的议题是“传统村落中的传统文化继承”。该议题虽然是一个陈述性议题，但包含着批判性内容，即对于“传统村落是否应该受到保护”，在现实中还存在争议，原因有两点：一是随着经济社会的发展，城镇化进程在加快，传统村落的自然萎缩是社会发展的一般规律；二是传统文化良莠不齐，部分学生可能会因为各种原因把目光聚焦在传统村落中的落后文化上。该议题设置后，会在学生头脑中形成这样的思维线索：传统村落需要保护吗？传统村落中有哪些文化？为什么要保护它们？它们都值得保护吗？我们应该怎样对待传统村落中的传统文化？以该议题为统领，从批判一些错误观点开始，循序渐进、环环相扣、不断建构，逐步形成对传统文化坚持两点论和重点论的统一的认知。此外，国防科学技术大学附属中学的吴江艳老师在开展第八课第二框“在文化生活中选择”的教学时，确定了“中学生如何选择假期的文化生活”这一议题，引入该议题后学生会形成一系列思考：生活中有哪些文化？为什么要选择？如何选择？展开议题的过程中必然涉及对各种文化进行筛选，包括先进、健康的文化和落后、腐朽的文化。学生需要在对文化做出辨别的基础上进行文化选择，自然要对各种落后文化进行辨析和批判，在批判落后文化和腐朽文化的过程中建构起正确的认知，进行正确的文化选择。

二、引入活动元素，增强亲和力

新课标在“实施建议”中提出，“活动型学科课程的实施要使活动设计成为教学设计和承载学科内容的重要形式。一方面，要对应结构化的学科内容，力求提供序列化的活动设计，并贯穿于教学全过程”[1]。议题式教学作为一种备受推崇的活动型学科课程教学样态，高质量、序列化的活动设计尤为重要。

什么样的教学活动设计是有价值的？毋庸置疑，“思政课教学是师教生、生教师的积极互动、共同发展的‘双向’建构过程”[3]。因此，基于议题的教学活动设计应该坚持教师主导和学生主体的统一。它要与议题契合，和学科内容相关，回应社会热点话题，聚焦教材主题；既要让教学沿着教师设计的总体方向进行，又要充分发挥学生的主观能动性，使其积极参与到教学活动中来，促进学生从“要我学”到“我要学”转变，使学生在活动中生成知识、形成能力、涵养素养，最终达成教学目标。

传统文化的作用及对待传统文化的态度是“传统文化的继承”教学的重点，也是难点。对传统文化作用的分析是确立对待传统文化的态度的前提和基础，因此必须在探究传统文化双重作用的活动中解决这一问题。为此，教师设计了课堂前置性活动——搜集现代乡村治理中的村规民约和古代乡村治理中的族规祖训，让学生进行对比总结，找出现代乡村治理中对传统族规祖训的扬弃的内容，并在课堂上进行分享。这样既执行了教师的设计意图——一分为二地看待中国传统文化，又发挥了学生在搜集、整理、总结、对比中的主体作用，学生在活动中充分理解了对待传统文化要“取其精华、去其糟粕、批判继承、古为今用”。

如何辨别落后文化和腐朽文化是“在文化生活中选择”教学的难点问题。在实际生活中，因不能辨别落后文化和腐朽文化而对其采取错误态度的人比比皆是。吴江艳老师在突破这一难点时，借助信息技术，将生活中最常见的落后文化和腐朽文化编入小游戏，学生通过小组比赛的形式对落后文化和腐朽文化进行辩论，并结合错误观点进行分析总结。在这样的教学活动中，课堂氛围热烈，学生参与度高，教师引导得当，师生在愉快的氛围中完成了学习，学生较好地掌握了落后文化和腐朽文化的表现形式、危害及国家对这两种文化的不同态度。

三、创设情境，为议题推进提供生动载体

教学情境是推进议题式教学的载体，缺少教学情境的议题式教学是空洞无物的，也是枯燥无味的。创设适宜的教学情境可以帮助学生摆脱被动接收信息的境地，推动学生在理解信息、加工信息的基础上主动建构知识；还可以给学生提供在实践中应用知识的机会，促进知识、技能与体验的连接，促

进课内向课外的迁移，让学生在生动的应用和活动中理解所学的知识。

我们应该在教学中创设什么样的情境？在教学实践过程中，情境类型丰富，但无论何种情境，都必须具有生活性、形象性、学科性、问题性等特征。情境必须来自生活，并且要与议题中的“话题”连接起来，让学生产生亲切感，增强教学的吸引力；情境同时又必须是结构化的，与教材主题的内在逻辑相一致，不应该简单堆砌、杂乱无章。

如在“传统文化的继承”的教学中，为达成让学生了解传统文化继承的各种形式的目标，教师选取《记住乡愁》中湖南岳阳的张谷英村的视频资料作为情境材料。之所以选择这则材料，一是因为贴近生活。作为介绍本省特色的情境材料，它与学生的生活比较接近，容易使学生对其中所蕴含的传统文化的形式产生亲近感，体现了实践性，对于学生核心素养的培育具有重要作用。二是因为素材全面。《记住乡愁》为中央电视台制作的高水准传统村落文化经典案例，对传统文化中的传统习俗、传统建筑、传统文艺及传统思想因素进行了全方位的呈现。经过教师剪辑处理，视频内容和教材逻辑体系浑然一体，对于必备知识的落实恰到好处。

四、用好“问题”，强化价值引领

无论是在传统教学模式中还是在议题式教学中，问题设计的有效性都是思想政治课教师持续关注的重要环节。在议题式教学中，议题确定以后，问题设计对教学活动的设计和教学情境的确定具有一定的先导作用，更对教学活动如何落地提供了方向指引。

教师在“传统文化的继承”教学中设计了一系列问题，引导学生进入情境。

1. 视频《记住乡愁》中张谷英村继承了哪些传统文化？

学生通过总结，了解传统文化的形式包括：传统习俗、传统建筑、传统文艺和传统思想。

2. 张谷英村 2600 多位宗亲绵延数百年、聚而不散的原因是什么？体现了传统文化的什么特点？

结合视频，学生总结出原因是“以和传家”的家族思想，特点分析：绵延数百年体现的是传统文化的相对稳定性，聚而不散体现了传统文化的情感纽带作用，对人的凝聚功能体现了传统文化鲜明的民族性。

3.“以和传家”的思想是不是只有张谷英村才有？它对中华民族的发展是否起到了重要的作用？

设置此问意在让学生了解，“和”的思想是中华民族的宝贵精神财富，在中华民族的发展过程中起到了团结中国人民经过各种艰难困苦以实现民族复兴的重大作用，具有价值渗透的作用。

4.结合搜集到的岳阳平江集贤村村规民约和张谷英村的祖训、江西婺源的族规，谈谈建设社会主义新农村过程中应该如何对待古代乡村治理中的族规祖训，并说明理由。

设置此问旨在引导学生辩证看待传统文化在今天社会发展中的作用，使学生形成对传统文化的正确态度，以此实现最终教学目标，既达成了知识的落实又培养了学生的科学精神，有利于学生形成正确的价值观。

如何在不同的模块、不同的课型中探索议题式教学，引入具有亲和力的元素，让学生学而信、学而思、学而行，把思想政治学科的理论知识内化于心，外化于行，是思想政治课教师的使命担当。

参考文献：

[1] 中华人民共和国教育部.普通高中思想政治课程标准（2017年版2020年修订）[S].北京：人民教育出版社，2020.

[2] 徐雪雪.高中思想政治课议题式教学实施研究[D].济南：山东师范大学，2020.

[3] 蒲清平，何丽玲.思想政治理论课要坚持主导性和主体性相统一[J].思想教育研究，2019（11）：100-104.

第二章

任务驱动与问题解决式教学模式与案例

第一节　任务驱动与问题解决式教学模式

基于学生问题的课堂阅读教学模式探索

唐连明①

教学方法与学生的需求相契合是教学设计的目标。而在课堂教学这一时空环境下，学生在阅读中会同时呈现不同方面、不同层次的需求。选择合适的教学方法以同时满足这么复杂的需求，是教师一直以来的追求和困扰。

格罗 SSDL 模式是“阶段性自我指导模式”（Staged Self-directed Learning Model）的简称，由吉罗德·O. 格罗（Gerald O.Grow）于 1990 年提出。[1] 格罗认为：教学方法应与学生自我指导水平相契合。为此，他构建了两个系统。其一，划分学生的自我指导水平，建立了水平层级系统。他从学习者的兴趣、知识、能力等方面观察学习者的自我指导水平并把这类水平分成了前后相继的四个阶段。阶段性自我指导水平反映学生面对学习内容时的预备

①　唐连明，上海市金山区教育学院语文教研员。

状态，不同的阶段性水平则反映了学生对他人、对环境不同程度的依赖和需求。其二，提出了相应的四种教学方法，建立了对应的策略系统，如表 1 所示。

表 1　格罗阶段性自我指导水平及对应的教学方法

阶段性自我指导水平			教学方法
自我指导水平四阶段		学习水平状态	
S1	低自我指导水平（依赖型学生）	依赖	权威 辅导
S2	初级自我指导水平（有兴趣的学生）	兴趣强、知识不系统	激励 指导
S3	中等自我指导水平（参与的学生）	具备一定的知识技能	促进
S4	高自我指导水平（自我指导的学生）	具有较高的自学技能	咨询 协商

教师在日常教学中通常也会考虑教学内容的难度，有时也做学情分析，但是由于缺乏固定的、有层次的学生需求的表述系统，因而无从提高教学方法的针对性。在实现以学生的学习为中心来组织教学方面，SSDL 模式的阶段性自我指导水平系统提供了相关经验。

一、基于学生问题的课堂阅读模式设计思路

借鉴格罗 SSDL 模式的阶段性自我指导水平及教学方法，我们设计了课堂阅读教学模式，并运用于课堂。我们认为，阅读教学的内容是多层次的，因此学生个体面对不同的学习内容会处于不同阶段的自我指导水平；课堂学习中的学生是多层次的，因此面对相同的学习内容，不同学生个体会处于不同的自我指导水平。若把学生的基础与学习内容的关系作为观察点，课堂教学中学生的需求繁复且预测难度大。但若换一个角度，把学生与学生的需求关系作为观察点，则不难发现，学生阶段性自我指导水平的分布不外乎三类状态——大多数学生处于 S1（低水平）、学生处于不同阶段（S1 ~ S4）、大多数学生处于 S4（高水平）。第二类状态，学生间存在的差异比较明显。由此可以确定相应学习内容的三个层次：高难度、中等难度和低难度。

针对课堂中学生阶段性自我指导水平的三种分布状态（或者由此确定的

三层次学习内容），结合差异资源相关原理，教学方法依次是教师注入式教学、教师指导下的合作学习、学生自主学习。设计所依据的不再是学生个体的自我指导水平，而是在同一内容面前学生的不同经验和需求（表 2）。

表 2　阶段性自我指导水平的分布及对应的教学方法

自我指导水平分布	内容难度	教学方法
多数学生处于依赖水平（S1）	高难度	教师辅导
学生处于不同自我指导阶段（S1 ~ S4）	中等难度	教师指导下的合作学习
学生多具有较高的自学技能（S4）	低难度	学生自主学习

二、模式的基本结构及特点

鉴于这样的推理，我们构建了基于学生问题的课堂阅读教学模式（表 3）。

表 3　基于学生问题的课堂阅读教学模式

操作环节	组织形式	学生		教师
		内容	情感状态	
自学	自主学习	1. 积累知识；2. 操练方法；3. 提出问题	激发兴趣 体验成功	1. 激发兴趣 2. 提示点拨
检查交流	小组合作	1. 检查交流；2. 释疑提炼	积极参与 获得满足	1. 组织小组学习 2. 检查学习情况
讨论讲解	小组合作 全班研讨	1. 释疑链化；2. 合作探究；3. 集体领悟	情感体验 激励自信	1. 指导链化问题 2. 组织小组探究 3. 适度讲解归纳
拓展	全班交流	整理：交流心得、回顾学法 参读：积累语言、运用方法	情感发展 动机深化	1. 提炼学法 2. 提示方向

这一模式以 SSDL 学习模式为理论基础，以教学方式与学生的需求相适应为功能目标，通过分层质疑判断学生的真实需求，并基于学生的问题提供相应的教学方式。

（一）遵循认知规律，构建基本结构

学生的认知规律一般由感知、理解、运用几个因素组成，各因素相互联系、相互渗透。在本模式的牵引下，学生加工课文信息的过程是：初读感知

语言—细读理解、品评语言—熟读、练习、记忆和运用语言，涵盖了课文学习的主要内容，包含了阅读教学的基本过程。另外，本模式又渗透了自学辅导法的元素，从学生的角度看学习过程，即自学—交流讨论—教师指导下的研读—方法迁移运用。该模式把语言实践与学生的思考、质疑、探究活动统一起来，与分析、比较、判断、概括等思维活动统一起来，不再是“传授—接受”模式，有益于发挥学生学习的主动性。

（二）基于真实需求，生成学习内容

学生的真实需求总是因情境而不同，在不同的情境下表现出不同阶段的自我指导水平。本模式各环节的学习内容均因学生水平生成。自学环节，学习内容来自教师的常规约定和学生自己的选定。选定什么内容呢？这取决于学生的阅读趋向和能力水平——面对自己选定的内容和常规内容，学生大多处于高水平或者中等水平（S4、S3）。检查交流环节，学习内容来自常规约定和学生各自的提问。提了哪些问题呢？不同学生的问题视角和水平层次不尽相同——面对同学提出的问题和常规内容，学生会处于不同的层次（S1 ~ S4）。讨论讲解环节，学习内容取决于链化后的问题。链化出哪些问题呢？教师根据小组提问提炼梳理而成——面对链化的问题，学生大多处于低水平和初级水平（S1、S2）。

总之，学习内容除了自学环节的常规约定外，其他均在课堂教学中生成，且取决于学生的自我指导水平。教师根据学生学习水平的分布形态设计不同的学习组织形式，由此确定教学方法。

三、模式的运用及评价

本模式由学生的自我指导水平生成学习内容，又基于学生的水平及水平差异安排学习组织形式。因此，这里需要强调学生的真实需求，根据学生需求来确定教学方法。

（一）重视质疑，构成问题层级

本模式中，学生的需求多以问题来呈现：自学环节，个体凭借已有知识技能解决遇到的问题，同时记下未解的个人问题；检查交流环节，小组合作

相互释疑，并提炼出小组问题；讨论讲解环节，教师组织各小组发问，分类处置后梳理出重点问题。从个人问题到小组问题再到重点问题，不仅在于解决个人问题，还在于从中提炼出小组问题，以供全班讨论并孕育出重点问题，由此展开教师指导下的重点研读。逐层质疑、释疑展示了学生的真实需求，把学生的自由提问转化为有序提问的组织路径，构成了课堂教学的基本结构（表 4）。

表 4　逐层提问示意图

环节	学生的问题	学生水平的分布
讨论讲解	重点问题 ↑ 梳理	S2、S1
检查交流	小组问题 ↑ 聚焦	S4、S3、S2、S1
自学	个体问题	S4、S3

1. 激励学生提问

提问是孩子的天性，教师在教学中要尊重学生，认真倾听学生提出的问题；要鼓励学生提问，用语言、奖章等鼓励他们，但更重要的是激发学生的思维火花。譬如，部编版语文一年级上册《青蛙写诗》一文以童话的形式、诗化的语言，把逗号、句号、省略号想象成蝌蚪、水泡、水珠，在雨中的池塘里帮青蛙写诗。教学伊始，教师连续打出了整整一行“呱”字，不换行也没有间隔，然后发动学生努力地一口气读完，课堂立时恍如蛤蟆吵坑。这行“呱”并非来自课文，这样无序的自由读也断然不是教师期待的。这时，学生的问题就产生了：为什么要读这些东西呢？

随后，教师带着学生学习第 3~5 节，让“小蝌蚪”游到这行字里变成逗号，让“水泡泡”浮到这行字里变成句号，让“一串水珠”落到这行字里变成省略号并“吃”掉几个“呱”字。这时，按照标点符号的特点再来读读这 14 个“呱”，节奏、韵味就全不一样了。学生不仅懂得了诗的意思，更体会到了标点符号的重要性。

2. 引导问题方向

学生往往对情节内容更感兴趣，因此需要引导他们关注语言表达，学习从材料的选择和主次、内容的编排以及过渡、遣词造句、标点符号等方面提问。譬如，部编版语文一年级上册的《小蜗牛》一文是以对话形式来展开的。在学生了解第2~4自然段的大意后，可以呈现对话内容并进行提示，然后引导学生去发现。

“孩子，到小树林里去玩吧，小树发芽了。”

“妈妈，小树长满了叶子，碧绿碧绿的，地上还长着许多草莓呢。”

“哦，已经是夏天了！快去摘几颗草莓回来。”

根据提示，学生会把注意力集中到文中两处“小树”和“草莓”上，并有学生提出问题：为什么“小树”和“草莓”都出现了两次？小蜗牛为什么先说“小树”后说“草莓”？基于以上问题，教师可以引导学生朗读，读出“对话”的味道，品出小蜗牛锲而不舍的精神和妈妈对小蜗牛那份隐形的爱。

本模式以基于学生问题展开教学为基本原则，学生肯问是前提，学生真问是关键，学生善问是难点。因此，教师要鼓励学生提出问题，指导学生发现并表述问题，同时还要分类处理学生的问题。对于学生提出的问题，或师生简答，或组织简短讨论，或作为重点问题来展开教学。因此，这方面的评价主要关注的内容如表5所示。

表5　教学模式评价标准1

内容	评价标准	
教师导疑	导问	帮助学生发现并准确陈述问题
	理问	引导学生简单讨论并解答同学提出的问题
	纳问	基于学生问题（需求）组织教学
学生质疑	敢问	在安全的情境里，学生没有顾虑踊跃提问
	真问	在真诚的氛围中，学生表达自己真实的困惑
	善问	在耐心的指导下，逐步提出接近文本核心的问题

（二）重视形式，完善学习常规

本模式追求教学方式与学生水平的对应，因此学生需掌握一定的学习规范，以适应本模式的学习。

1. 完善自主学习的内容及要求

本模式以学生的自学为起点。自学环节的作业要与学科本质和核心任务相联系，兼顾听说读写，具有整体性，但是也要考虑文体特点，突出针对性；要与教学内容相匹配，落实阶段学习要求，具有统一性，但是也要考虑学生差异，体现选择性。同时，还可以渗透一些自学方法，如让高年级学生制订自学计划。另外，要让学生记下自己的疑惑。不少教师在教授不同体裁的课文时都有一套习惯性的方法，其实可以让学生在教师示范—师生共商—自由选择—自主确定的过程中，慢慢了解自学的内容和方法，甚至为自己确定自学任务。譬如，部编版语文一年级下册《小壁虎借尾巴》的课堂自学作业：

（1）读一读，认一认：朗读课文，把不认识的字圈出来，然后借助图画猜猜它读什么。

（2）读一读，想一想：小壁虎为什么借尾巴？向谁借尾巴？借到了没有？

（3）仿一仿，想一想：你发现了什么？小鱼在河里游来游去。老牛在树下____________________。燕子____________________。

（4）读一读，记一记：如果有不懂的地方，记下来向老师或同学请教。

2. 增强合作学习的意识和能力

本模式倡导自主、合作及探究性学习，尤其倚重合作学习。交流讨论环节需要采用这一组织形式。借助它，既要学生相互检查自学作业，又要发挥同学之间的指导作用。因此，一方面要采用异质分组的方法，也就是把生活环境、学习成绩、思维水平、个性等不相同的学生编成一个小组。如此一来，在学习活动中，低成就的学生得到了伙伴的帮助辅导，学习水平提升较快；优秀学生由于帮助别人，在指导过程中进一步整理了自己的知识系统，完善了自己的思维模式，学习方法更加优化，学业成绩也更加优异。国外实验表明，在异质分组中，32% 的学生的学业成绩被评为“模范”，而同质组只有

18%。另一方面，要逐步培养学生掌握合作学习的组织策略和合作技巧，比如，角色分工和组内评价、制订学习方案和汇报交流。小组学习前后学生问题的变化如表6所示。

表6　小组学习前后学生问题的变化

组别：异质小组（乙组4人）　　　内容：《中彩那天》（交流讨论环节）

个人自学产生的问题（个人问题）	小组学习后留存的问题（小组问题）
1. 什么是“生计” 2. “一个人只要活得诚实，有信用，就等于有了一大笔财富。”这笔财富是什么 3. “梦寐以求”是什么意思 4. 什么是“道德难题” 5.K字是谁用橡皮擦过的 6. “父亲打电话的时候，是我家最富有的时刻。”我家“最富有”的是什么	2. “一个人只要活得诚实，有信用，就等于有了一大笔财富。”这笔财富是什么 4. 什么是“道德难题”

本模式重视合作学习，小组学习是质疑解疑、提炼问题的重要平台。这方面的评价主要关注的内容如表7所示。

表7　教学模式评价标准2

内容	评价标准	
小组学习	有序	学生都能参与合作，成员有分工
		各小组能完成讨论、汇报和展示等合作性任务
	有效	通过检查交流，学生较好地完成了常规学习任务
		解决了小组成员提出的部分问题
		提炼出组员们都期待解决的问题

（三）指导链化问题

教学是有目的的活动，处理好学生问题和教学任务的关系，关乎教学目标的达成。因此需要在学生提出的问题中捕捉重要问题，或在学生所提问题的基础上提炼挖掘问题，建立问题链，然后顺着问题链一步步走向课文的内涵深处、走入语言的百花园，最终完成教学任务。

在异质小组向全班介绍小组学习情况并提出小组问题时，教师可以采用即时释疑、适度追问、灵活补问的方式解决一些问题，留存重点问题，然后指导学生加上一些辅助问题形成问题链。譬如，部编版语文五年级课文《鸟的天堂》，基于小组问题提炼而成的重点问题是：最后作者感慨"'鸟的天堂'的确是鸟的天堂啊"，作者为什么加"的确"二字？在教师的引导下，学生形成了由 4 个问题组成的问题链（图 1）。好的问题链不仅能引导师生解决重点问题，还能提高学生对课文内涵的理解或对课文表达形式的感悟。

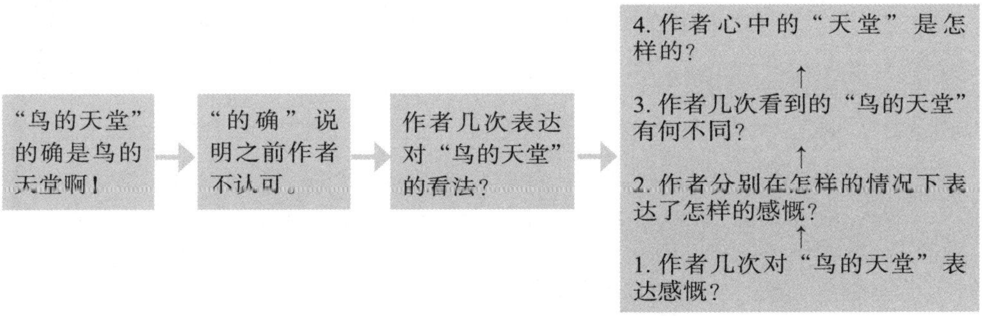

图 1 《鸟的天堂》的问题链

链化问题是关键，一是要基于学生的基础和需求，二是要顾及教材期望完成的教学内容和要达到的教学要求，三是要在问题之间拉出一根线索，从而使几个看似孤立的学生问题转化成一组用于引导学生学习的教学问题。这方面的评价关注的内容如表 8 所示。

表 8 教学模式评价标准 3

内容	评价标准	
梳理问题	把握重点	恰当地处理小组提问，并把握其中的重点问题
		引导学生厘清重点问题的内容和指向
	链化问题	梳理问题并形成线索清晰的问题链
		问题之间的思维阶梯合理

学生的问题并非全由学生"说"出来，更需要教师从他们的表现中"看"

出来，从他们的回答中察觉知识的破绽，从他们的思考中洞察能力的缺陷，从他们的言语中发觉信心的不足，所以“基于学生的问题”首先是一种教学理念。如果能借助阶段性自我指导阅读教学模式提高教师基于学生真实需求设计教学方法的意识和能力，课堂教学实现关注每一个学生、促进每一个学生发展的目标就不远了。

参考文献：

[1] 胡平洲 . 格罗 SSDL 模式述略 [J] . 比较教育研究，1993（2）：1-5.

指向问题解决的科学教学"5E"模式探析

刘 婷①

指向问题解决的科学探究是一种科学研究的重要学习方式，是一个系统化过程。目前，很多科学课中活动丰富、精彩，但对于问题解决，仍普遍存在教师"做、带、领、替"的情况，少有真正围绕科学学科核心概念展开的、指向问题解决的科学探究式深度学习；科学课堂仍普遍存在重传授知识、简单验证实验结果的教学倾向，少有对学生的问题解决能力及创造性思维的充分培养；教师缺乏对科学教学中相关可操作、系统化的有效教学范式的实践与思考。建构指向问题解决的科学教学"5E"模式正是尝试解决上述问题的一种探索。

一、"5E"教学模式的发展历程与实践价值

20 世纪 60 年代，美国学者卡普拉斯与亚特·金在科学教学中提出"学习环"教学模式，其本质是以科学探究为核心的教学流程的模式化，包括初步探究、概念引入和概念应用三个环节。教师引导学生运用前概念来探索新的科学概念，然后再由教师分析相应的观点，引入科学概念，并最终使学生构建科学概念。[1]"学习环"教学模式为科学教学走出困境提供了一种教学方法。此后，1989 年 BSCS（Biological Sciences Curriculum Study，美国生物科学课程研究）项目组成员提出了基于建构主义理论和概念转变理论的"5E"教学模式。"5E"是 Engage（或 Extend）、Explore、Explain、Elaborate 和 Evaluate，即参与、探究、解释、迁移和评价五个教学环节。这是一种可以用于设计科学课程的探究式教学模式，简称"5E"教学模式。其中，Explore、Explain 和 Elaborate 与"学习环"教学模式的初步探究、概念引入和概念应用三个环节

① 刘婷，江苏省徐州市青年路小学校长，高级教师，江苏省特级教师。

相对应，Engage 和 Evaluate 是新增的两个环节。“5E”教学模式中的每一个环节都必不可少。到了 20 世纪 90 年代，“5E”教学模式在美国等国家和地区被广泛应用，并被证明是有效的科学教学模式。

“5E”教学模式的实践价值在于：一是为教师遵循清晰的探究性思维路径设计更加有探究性的课程提供了逻辑方法；二是“5E”教学模式的每个教学环节都能充分唤醒学生的主体意识，充分调动学生的认知兴趣和思维，注重问题解决与任务驱动，强调知识的应用与创新，强调概念的自主构建，更有利于激发学生的兴趣，帮助学生展开探究式深度学习，培养学生交流讨论、解决问题、实践创新的能力，提高学生的团队合作能力；三是“5E”教学模式的理论与实践能为促进我国科学教育教学方式转型、促进深度学习的落实和促进学生科学学科核心素养的培育提供可资借鉴的范式。

我国于 20 世纪 80 年代引入“学习环”教学模式，又于 21 世纪初引入“5E”教学模式。基于美国等国家和地区运用“5E”教学模式的多年实践经验，笔者进一步丰富了“5E”教学模式的内涵，并对五个教学环节进行了具体的策略探析。

二、“5E”教学模式的内涵与基本架构

“5E”教学模式是指向问题解决、概念建构、实践创新的经典教学模式。它关注概念、方法、思维，以问题解决为驱动，聚焦学生科学概念的自主构建，鼓励学生自主参与探究，注重在概念建构与内化过程中促进学生科学思维的体系化发展，注重培养学生的科学态度与责任心。在这一教学模式下，学生在情境中显露前概念，发生认知冲突后进行概念解构，在结构化的深度学习中形成、扩展和深化新概念，并在问题解决过程中掌握科学方法，培养科学态度与科学精神。

“5E”中的各教学环节的任务不同，其实施策略也不一样。小学科学“5E”教学模式的基本架构如图 1 所示。

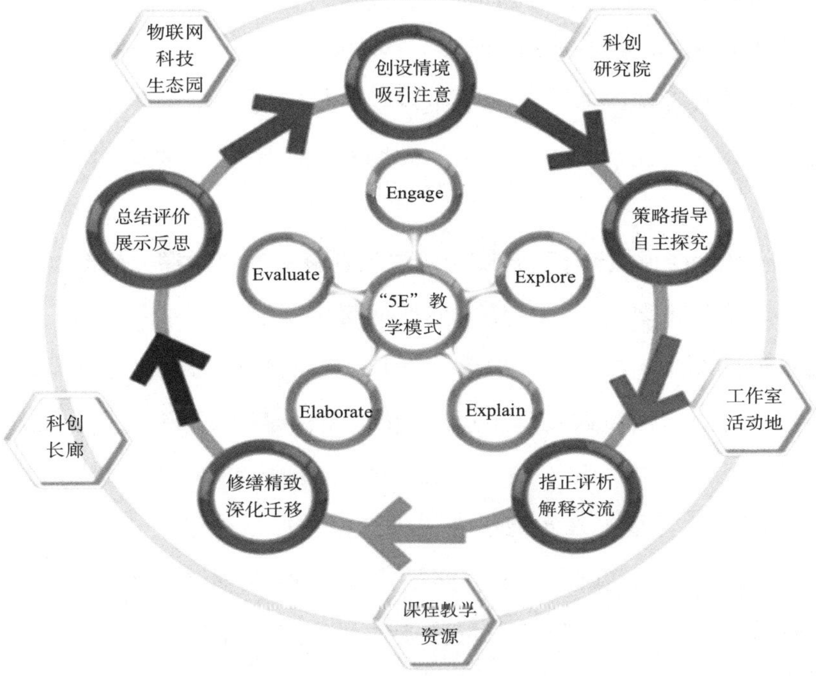

图 1　小学科学"5E"教学模式

(一) Engage（参与）：激发学生的探究兴趣和思维动力

这一环节的主要任务是提出具有研究价值的主问题，激发学生的探究兴趣和思维动力，为学生实施科学探究做好准备。具体策略是教师设置问题情境，激发学生对将要学习的内容产生兴趣，以提高学生的探究参与度。问题情境的创设要注重"一点三联"："一点"即探究式学习的起点——学生已掌握的前概念；"三联"即关联学生已有的知识基础和认知特点、关联学生的现实生活和关联学科大概念。具体而言，可通过创设陌生化的学习情境探查学生的前概念，构建学习任务，制造认知冲突，激发学生的探究兴趣和思维动力。例如，"认识空气"这一教学内容，核心概念有三项下位具体概念，即"空气的特征""空气的物质组成"以及"空气的流动是风形成的原因"，其中关于第三个具体概念的理解与掌握对学生而言是有一定难度和挑战性的。为了激发学生参与探究的兴趣，教师利用伯努利效应设计了一个"小魔术"来制造认知冲突：出示一个长 2 米的塑料袋，首先让学生猜猜自己至少要吹几下才可以让塑料袋充满气。随后设置任务链与引导性问题：假如只用一口气吹满，你们能做到吗？（教师演示）是不是太神奇了？想知道这是为什么吗？真的是空气在流动吗？引发学生对空气流动性的探究。陌生化情境带来熟悉与未知的认知差异冲突，学生的问题意识、探究兴趣和思维动力被“点燃”了。

（二）Explore（探究）：开展指向主问题解决的科学探究活动

这一环节的主要任务是围绕主问题的解决开展科学探究活动。科学探究活动以解决问题为目标驱动，以学生的自主参与探究为主要方式，以概念的构建为思维燃点，注重鼓励学生运用创新方法来解决问题，从而促进学生思维能力的结构化、体系化发展，培养学生的问题解决能力和实践创新能力。探究活动的设计要基于真实情境，突出学生主体，让学生自己动手、动脑，创新实践，遵循主问题解决的探究路径，在过程中不断发现问题、解决问题，让问题解决过程具有知识和思维的生产性和建构性特点。需要注意的是，这一阶段教学的重要目的是让学生通过一手实验或二手资料发现规律或现象、建立联系、识别变量、操作实验，从而获得实验研究、现象探寻、交流研讨的现场体验，掌握知识内在的关系，自主构建新概念，实现思维发展。教学中要避免探究活动的程序化、表面化。

（三）Explain（解释）：开展基于证据的科学解释和交流

这一环节的主要任务是为学生学习使用科学术语、概念、原理和规则提供共享时空。从本质上讲，科学的意义就在于调查和解释自然界是如何运转的。在这一阶段，教师要注重引导学生审视自己的观察或者实验数据，发现数据中的规律，从而建立、理解和应用科学概念或原理；同时，在交流中引导学生认真倾听其他同学的想法，并进行建设性的评析。例如，有关地球科学的内容，教师要求学生建立一个科学解释，并思考怎样用阴影记录时间。学生每天在早上、正午和下午三个时间点记录物体影子的长度，然后分三个部分建立科学解释：（1）陈述或结论：影子的长度可以标示时间。（2）证据：早上、正午和下午，不同的时间物体影子的长度不同。（3）推理或理由：影子的长度是由太阳在天空中的高度决定的。当太阳高时，影子就短；当太阳低时，影子就长。正午太阳高，因而影子短；早上和下午太阳低，因而影子长，所以影子长度可以用于标示时间。在教学实践中，学生建立的科学解释主要通过书面或口头来表达，当然也可以通过其他方式来表达，如图画、戏剧表演、诗歌、墙报等。

（四）Elaborate（迁移）：把新概念应用到不同的情境中

这一环节的主要任务是建立新概念与已有概念的联系，使理论知识得到应用、拓展和升华。例如，在“神奇的纸”的教学中，学生通过对一张纸进行简单加工与改造，比较、体验纸的“变”，建立了科学概念——材料经过加工、改造和优化，其性能会发生改变；性能得到改变与优化的材料可以制作具有一定功能的物品。随后，教师让学生做一只防水纸船，这一任务深化了学生对新概念的应用与理解。

（五）Evaluate（评价）：运用多元评价促进深度思维进阶

这一环节的主要任务是进行过程性和总结性评价，以评促学，以评促思。例如，在“神奇的纸”教学导入环节，教师将学生分组，比一比哪个小组的纸飞得更远。活动结束时，教师并没有直接点评哪一组的纸飞得更远，而是从评比结果入手引发学生的深度思考：一张白纸飞不远，折成纸飞机就能飞得更远，这是为什么呢？评价点成为激发学生思维进阶的问题“燃点”。

三、“5E”教学模式的实践策略探析

围绕大概念进行大单元教学设计，围绕主问题将问题链结构化，以及建立基于证据的科学解释和实施过程性评价，是促进“5E”教学模式的五个教学环节循环往复、螺旋上升的关键。

（一）基于学科大概念设计大单元教学

学科大概念是指在某一学科领域中最精华、最有价值的学科内容。[2]基于大概念的大单元教学设计能为科学概念的自主建构、科学探究的深度开展提供更大的空间。针对小学生科学思维单一、浅表、无序的现状，提倡围绕《义务教育小学科学课程标准（2017年版）》（以下简称“课程标准”）确定的

18个主要概念，分化、重组、整合形成结构化知识序列，并在此基础上制订简洁明晰的大单元探究目标，形成概念图谱，帮助学生展开深度学习。例如，物质科学领域的课程内容有6个主要概念（详见课程标准），其结构关系如图2所示。

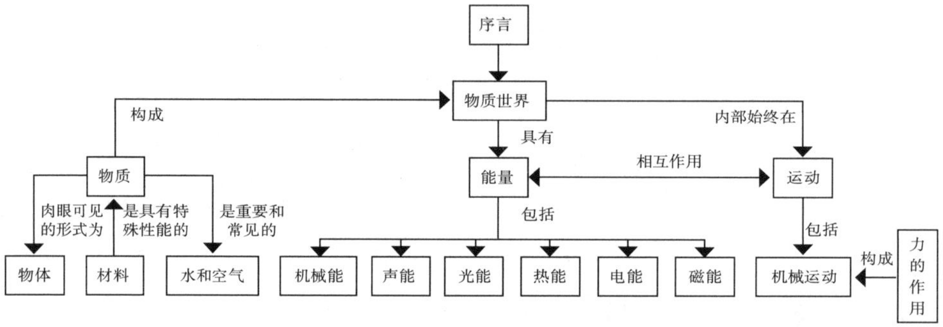

图2　物质科学领域主要概念结构图

基于大概念的结构化知识序列对学生进行前概念探查，教师能更容易地了解学生已有认知和生活经验对新概念构建的干扰或促进情况，找到教学的突破口。此外，大概念的结构谱系为大单元教学设计提供了较为整合的、精简的和适切的教学内容，也为教师创设陌生化教学情境、嵌入结构化思维工具、实施合作互动科学探究以激发学生深度思考、寻求事物的本质和规律、进行科学解释提供了逻辑依据。

（二）基于探究主问题设计主题式深度问题链

科学探究活动过程是提出问题、研究问题、解决问题在“创中学”的认知过程。“5E”教学模式实施的关键点就是提出主问题，据此构建科学探究性问题链，为学生的思维进阶提供一个“脚手架”，使知识和认知问题化、思维化，让学习成为学生的兴趣所在和主动需要，让问题解决的过程成为学生思维发展的过程。因为在解决一系列问题的过程中，学生不断将已有的知识和方法进行应用、迁移，将其与新认知进行关联，随着对问题理解的加深，学生所运用的知识也产生横向或纵向的联系或延展，问题解决则实现了学生科学思维能力与实践应用能力的综合发展。

例如，在“摆的研究”单元主题教学中，探究“摆的摆动快慢与什么因素有关”时，学生通过对摆锤重量、摆的长短、摆幅大小等因素进行变量控制分组对比实验探究，得出结论：摆的摆动快慢与摆长有关。但是学生进行概念解释时暴露了一个问题：学生对摆的认识的前概念中隐藏了一个迷思概念——摆长就是摆绳的长度。为帮助学生走出误区进行深度探究，教师采取结构化材料变式，制造认知差异。首先，教师提供摆绳长度相同但摆锤长短不一样的两个摆，让学生继续探究。学生“意外”地发现：摆锤短，摆动快；摆锤长，摆动慢。随后，教师通过精彩的追问形成结构化的问题链：“之前的实验结论表明摆动次数与摆锤没有关系，而这个实验却表明有关系，这是什么原因呢？”“你们确定摆绳一样长的摆，摆的摆动快慢一定相同吗？”“难道摆的摆动快慢与摆绳的长短无关吗？”“我们实验中的摆到底是哪部分发生了变化？”“摆锤长短不一样的两个摆，除了重量不同还有什么不同？”“真的与这两个摆锤的重心高低不同有关吗？如何验证我们的猜想呢？”这样的问题解决过程具有结构性，既保障了学生深度思维的连续性，又激发了学生根据已有经验尝试从不同角度解决问题的动力。在这一过程中，学生破解了迷思概念，提升了学力，最终发现摆长不是摆绳的长度，而是支点到摆锤重心的距离。

（三）基于证据和真正理解进行科学解释

基于证据的科学解释与评价是当下科学教育与人的理性精神共同的价值取向。“5E”教学模式强调教师要引导学生像科学家那样做研究。特别是在解释环节，教师要引导学生学会建立基于证据的科学解释，提高学生解决问题、逻辑思维和沟通交流的能力。

教师还要意识到这是交流讨论科学方法、科学概念及科学原理的重要时机，鼓励学生通过体验探究厘清观念，基于证据对新发现、新观点、新想法进行命名，对发现的规律做出科学的解释，真正体现“为理解而教”[3]。基于证据与真正理解进行科学解释也是学生对科学概念体系进行自主构建的过程。很多科学课堂往往会忽略这一环节中的深度学习，忽视基于证据展开交流，经常是引导学生发现科学现象，报告一下结果，教学就结束了。没有证据的支撑就不能说建立了科学的解释；没有科学的解释就谈不上概念的自主建构。

教育与理性具有内在的统一性，理性精神应当成为教育的永恒追求。[4]“5E”教学模式为科学教育培养学生问题解决和实践创新等学科关键能力提供了可资借鉴的教学范式，为落实学生科学学科核心素养的培育提供了可操作的方法。

参考文献：

[1] 孔耀．谈“5E学习环”教学模式在高中化学教学中的实践与探索［J］．化学教与学，2012（3）：43-45，35.

[2] 伊恩·史密斯．学习性评价行动建议200条（小学版）［M］．剑桥教育（中国），译．北京：教育科学出版社，2016.

[3] 格兰特·威金斯，杰伊·麦克泰格．追求理解的教学设计（第二版）［M］．闫寒冰，宋雪莲，赖平，译．上海：华东师范大学出版社，2017.

[4] 吴永军．理性精神：教育的永恒追求［J］．教育发展研究，2020，40（2）：1-8.

促进问题解决思路建构的学生必做实验课教学

——以“不同价态含硫物质的转化”为例

胡久华[①]　李　琦[②]　马洪武[③]　冯清华[④]

化学实验活动是基础化学教育教学中的重要学习活动类型，对发展学生的化学学科核心素养有着重要的作用。无论是《义务教育化学课程标准（2011年版）》还是《普通高中化学课程标准（2017年版）》，都规定了学生必做实验，以确保学生有基本的实验活动。

尽管学生必做实验课十分重要，但在实际的教学中，学生必做实验课仍有较大的改进空间，有必要进行系统研究。本文在学生必做实验课教学实践和理论研究的基础上，探究促进问题解决思路建构的实验课教学设计与实施的方法与策略，下面将以“不同价态含硫物质的转化”学生必做实验课为例进行阐释分析。

一、确立实验问题解决思路的方法与策略

首先需要明确具体实验承载的实验问题解决思路，不但要结合化学课程标准、教科书和具体实验本体进行系统分析，而且要站在实验问题的起点，探索实验问题的解决空间，刻画问题解决的思维路径，确立实验问题解决的思维模型。

“不同价态含硫物质的转化”是高中必修化学的学生必做实验。整合《普通高中化学课程标准（2017年版）》中与该实验相关的内容要求和学业要求，再结合教科书中的教学内容及其活动栏目，可以明确该实验承载的知识目标

① 胡久华，北京师范大学教授。
② 李琦，北京师范大学硕士研究生。
③ 马洪武，清华大学附属中学朝阳学校教师。
④ 冯清华，清华大学附属中学朝阳学校教师，特级教师。

为：掌握硫及其重要化合物，包括硫单质、二氧化硫、浓硫酸等的主要性质。关键能力目标为：通过实验实现不同价态元素转化的思路方法。实验态度和价值观念目标为：培养学生科学合理地使用含硫物质的意识，在选取反应物和试剂时，具有环境友好的视角，在实现转化的实验过程中能够有意识地预防有害物质进入环境。

如何实现不同价态元素的转化？站在实验问题的起点，首先需要预设元素价态的转化，明确“起始元素价态→目标元素价态”；选择含有起始元素价态的物质，依据氧化还原反应，如果预设的元素价态转化是化合价升高就选择氧化剂，如果预设的元素价态转化是化合价降低就选择还原剂；明确转化实现的证据：预测产物和实验现象，如果没有直接的实验现象证据，需要选择试剂检验产物的存在或者反应物的消失。在此基础上，实施实验，记录现象。最后验证预测，得出结论。“不同价态元素转化”实验问题解决的思维模型如图 1 所示。

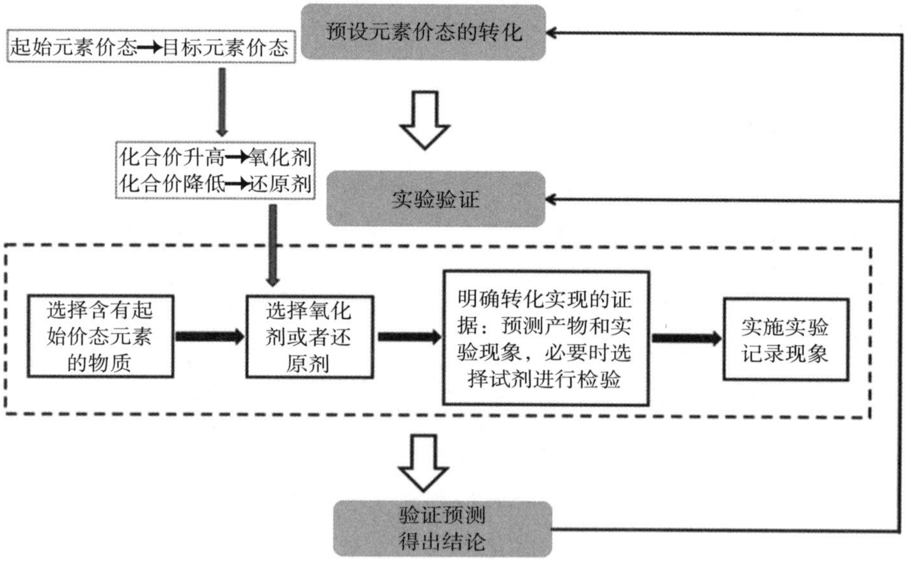

图 1　“不同价态元素转化”实验问题解决的思维模型

确立实验问题解决思路时，既要关注实验问题解决的心理机制和思维过程，又要关注课程定位，确保实验问题解决思路不但能够反映一类实验问题解决的方法性和程序性，而且符合该学生必做实验课的课程要求及其关键能力的发展目标。此外，构建出来的实验问题解决思路，既要体现实验问题解决的思维路径即思路的连贯性和完整性，呈现出思路中的重要节点及其节点间的关系，又要体现各个思路节点中的具体策略。

二、促进问题解决思路建构的实验课教学过程设计的方法与策略

学生必做实验课教学要以促进学生建构实验问题解决思路为核心目标，教学过程和教学活动要服务于该目标的达成。教师要依据学生建构思路的认知过程，设计实验课的教学过程。

1. 明确实验课实施模式

实验课实施模式主要包括实验课的实施阶段、实验任务的拆解、实验活动的轮次。（1）实验课的实施阶段。如果是在新授课中实施学生必做实验，要兼顾核心知识与实验问题解决思路，需要必要的引导和示范实验问题解决过程，开放度较小；如果是在复习阶段实施，则更加侧重实验问题解决思路的建构，学生可以更加自主地解决实验问题，开放度较大。（2）实验任务的拆解。当实验任务比较复杂且包含多个子任务时，为了促进学生建构实验问题解决思路，应让学生亲历实验问题解决全过程，让学生自主分析实验任务，对复杂任务进行解构。如果各个子任务之间具有问题解决思路的连贯性，应尽可能让学生连续完成实验活动，让学生体验完整的问题解决过程。（3）实验活动的轮次。整个教学过程应让学生尽可能经历多个轮次的实验体验。多轮次实验体验能够给学生提供反思修正的机会，让学生在实验中发现问题，不断改进优化，有利于促进学生建立并内化问题解决思路。此外，不同轮次的实验活动对于建构问题解决思路的作用不同。第一轮次实验活动的目的倾向于完整体验，促进学生建构思路的连贯性，形成思路中的重要节点；第二轮次实验活动的目的更倾向于思路的严谨，促进学生优化思路，形成重要节点的具体策略。

2. 确立实验活动及其形式

依据课程标准和教科书中的内容要求和教学定位，考虑学生的实际情况，

分析实验室条件，明确具体实验活动内容及其活动形式。“不同价态含硫物质的转化”是一个比较复杂的实验任务，由若干个比较独立的子任务构成，包括 0 → +4、+4 → +6、+6 → +4、+4 → 0 的价态转化。0 → +4 是硫单质到二氧化硫的转化，学生比较熟悉，且污染比较大，不适合学生实验；+6 → +4 是浓硫酸到二氧化硫的转化，浓硫酸使用要求高，有一定危险性，适合教师演示实验。学生实验活动包括 +4 → +6、+4 → 0 的转化。

3. 设计实验课活动环节

实验课活动环节包括：实验课导入、实验方案设计与交流、实验实施过程、实验汇报总结等。（1）实验课引入。倡导创设真实问题情境，情境素材不但要与实验任务密切联系，而且要对实验任务有驱动作用，能够有效激发学生的兴趣。（2）实验方案设计与交流。首先，避免直接给出统一的实验方案，其次，教师要考虑学生的能力和任务的复杂程度，引导启发或者让学生独立完成实验方案的设计。教师不但要让学生经历实验方案设计过程，而且要给学生机会完整地阐述实验方案，分享方案设计背后的思维过程，让学生自主发现方案中的漏洞，不断改进完善。在学生阐述完成后，教师不要急于评价，要将评价的第一机会留给学生，让其他学生进行评价和补充，必要时教师再进行追问和反馈。通过学生的自我阐述、同伴的反馈和教师的点拨，促进学生建构实验问题解决的系统思路。（3）实验实施过程。在这个环节中，教师要尽量给学生更大空间开展实验活动。教师主要有两个方面的任务：一是对学生的实验情况进行有针对性的指导，尤其要诊断学生在实验问题解决思路方面存在的问题，必要时对学生的思维过程进行引导；二是有效运用信息技术工具（如手机、iPad 等）有针对性地收集学生的表现和问题。（4）实验汇报总结活动。学生完整汇报分析实验现象和实验结果，并说明依据。教师追问并完善问题解决思路，进而总结、梳理思路方法，通过板书、多媒体课件等呈现问题解决的思路方法；最后还可增加延伸活动，检验学生是否能够迁移应用所建构的思路方法解决类似的问题。

4. 预设学生的发展点和困难，设计指导和支持策略

在设计教学过程时，教师要充分预设学生在问题解决思路方面的发展点和困难，进行有针对性的设计指导，提供支持策略。例如，在“不同价态含硫物质的转化”实验中，学生能力发展点和困难包括：（1）从关注性质到关注转化，从关注具体物质到关注元素价态的一类物质。该实验要求实现不同价态元素的转化，选取元素价态相同的不同类别的物质去实现转化，促进学生建立基于元素价态视角的一类物质具有相似的氧化性或者还原性的认识。该认识角度的发展，对学生来说具有一定的困难，需要学生改变惯性思维。（2）在实验方案设计层面，学生往往缺少自主预测产物和现象的意识，缺乏自主寻求证据验证转化是否实现的意识。针对以上学生的发展点和困难，教师需要在实验方案设计与汇报、实验实施、实验总结等活动中，根据学生的表现，进行指向学生发展点和困难的追问与引导。

5. 设计实验报告，确定实验用品

实验报告是需要重点准备的资料。实验报告要呈现和记录学生在整个实验前、中、后的活动历程和思维活动，相当于实验课的学历案。实验报告一般包括以下栏目：实验目的、实验用品、实验方案的设计框架、实验实施、实验总结。其中，实验方案的设计框架要在一定程度上外显实验问题解决的思路方法。实验报告要给学生留有空间进行修改和完善，引导学生进行反思总结，要尽可能在实验报告中体现出学生在实验问题解决思路维度上的发展变化。除了实验报告，还需要准备实验用品和试剂，教师需要通过试做实验确定试剂的种类和浓度等。

三、促进问题解决思路建构的教学方案与教学实施的关键策略

考虑到课堂上实验活动的空间问题，建议采用课前—课上—课后统筹设计：课前完成实验方案的设计，课上进行实验方案的系统汇报，并思考实验方案设计思路。学生根据改进的实验方案进行第一轮实验活动，完整体验实验过程，建立实验问题解决的主要思路，并且通过实验发现问题，进行第二轮实验，精致实验过程，提炼具体策略，最后进行实验总结与反思。课后进

行实验问题解决思路的迁移应用，完善实验报告。其具体过程如图 2 所示。

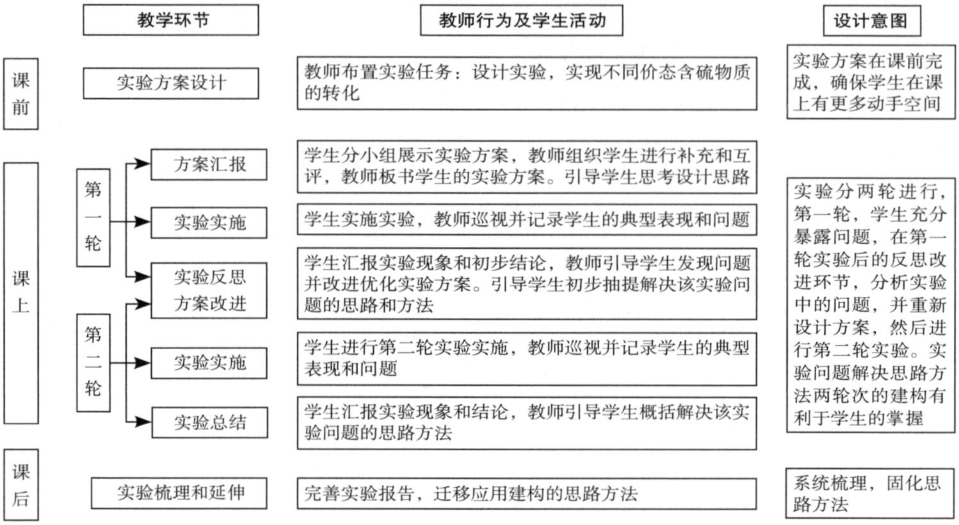

图 2　“不同价态含硫物质的转化”学生必做实验课教学方案

将上述教学方案进行教学实施，根据实施过程中发现的问题，不断改进和优化方案，并结合其他学生必做实验课的教学实践，总结提炼促进实验问题解决思路建构的学生必做实验课教学实施的关键策略。

1. 创设条件让学生充分进行实验活动，自主建构问题解决思路

学生必做实验课，无论是安排在新授课还是复习课，都要给学生充足的动手实践的机会，让学生直面实验问题，亲历实验问题解决过程，暴露学生原本的实验问题解决思维过程。通过课前—课上—课后打通系统设计，给学生提供不断改进的机会，让学生能够有多轮次实践空间，使其既有建构整体思路的机会，又有精致优化局部具体策略的机会，促进学生不断总结反思，构建实验问题解决的思路方法。在此基础上，还要给学生系统、完整阐述的机会，如系统汇报实验方案、实验总结等，要确保学生思维完整，形成连贯的问题解决思维过程。

2. 真正以学生为主体，组织和引导学生抽提外显问题解决思路

在教学过程中，教师习惯于讲解清楚实验过程后再让学生动手实验，在实验实施过程中告诉学生具体做法，在发现学生汇报中存在问题时忍不住打

断学生并进行点评分析，这些都不是真正以学生为主体。当教师意识到自己更多时候应是组织者和引导者角色后，又遇到了如下问题：如何启发引导学生自主进行实验？如何更好地组织学生汇报实验方案？如何组织以学生为主的实验总结？如何点评提升学生的实验活动？对于上述问题，教师要转变自身行为，真正做到以学生为主体。在实验实施环节，教师要通过具有引领思路的方向性提问或追问促使学生发现问题，实现学生自主思考和有目的地实验；在实验方案汇报和实验总结环节，教师要尽量让学生自主汇报整个实验过程，组织学生进行互评和补充，并通过追问引导学生思考。学生汇报时，教师尽量不要打断，更不要采取以教师为主的总结方式。总之，教师在课堂上应该作为组织者和引导者，让学生更多、更连贯、更系统地阐述实验过程、遇到的问题以及问题解决过程，让学生自主抽提总结思路方法。教师要多轮次引导学生建构、抽提、总结、外显实验问题解决思路方法。

3. 捕捉学生在问题解决思路方面的困难

采用多种措施促进学生建构思路。实验问题解决思路具有连贯性和过程性，学生往往容易漏掉某个重要思维节点，或者局部思维过程存在纰漏。在教学过程中，教师首先要给学生机会完整展示问题解决思路，充分暴露学生思路中存在的问题，给学生提供自我查漏和同伴评价的机会，在此基础上教师进行必要的追问和点拨，促进学生对思路进行完善和论证。例如，在“不同价态含硫物质的转化”实施过程中，给学生价态转化的实验任务时，学生仍然将其理解为具体物质的转化，而不是基于价态视角选择一类物质并实现转化。面对这种情况，教师多次追问选择物质的视角，询问选择含有相同价态的其他类别物质是否可行；组织学生选择含有相同价态的不同物质进行实验活动。在实验总结阶段，教师追问实验现象说明了什么，能够得出什么结论，并且让学生说明论证实验操作，思考证据是否充分等。

总之，学生必做实验课，不仅要满足学生动手实验的愿望，更重要的是要让学生自主探究，充分实践，促进学生建构一类实验问题解决的思路方法，培养学生“做事”的能力，从而提升学生的实验素养。

问题解决式教学在初中地理教学中的实践

刘 楠[①] 李文胜[②]

“创新精神与实践能力”是学生发展核心素养的重要内容之一，问题解决能力是形成“创新精神与实践能力”的关键，也是一种重要的地理素养。指向问题解决的教学有助于促进学生学习方式的变革，旨在把学生带入研究探索的过程，使其体验研究探索的快乐，在科学探究中获得真知。

本文以“西北地区开发和保护”一课为例，探究问题解决式教学在地理课堂教学中的应用。本课以解决西北地区开发问题为中心，通过教师创设情境，学生独立活动，培养学生的知识迁移能力和创造性思维；通过在教学实施中反复质疑，及时点拨，引导学生由浅入深、由表及里地体验分析和解决实际问题的过程；通过学生探究、分析、解决问题、评价等课堂活动，让学生学习隐含在问题背后的科学知识；通过整个学习和活动的过程，促进学生人地观念、区域认知、综合思维以及地理实践能力等素养的提高，为学生的自主学习、个性发展打下良好基础。

一、创设情境——激发探究

开始上课时，展示资料（资料一：西北地区自然和人文风光；资料二：西北地区贫困县占全国贫困县的比例；资料三：新疆达里雅博依乡自然资源和村民生产、生活状况），创设情境，引导学生观察图片、阅读资料，通过分析、比较提出问题。此时，学生发现西北地区是一个“既富饶又贫困”的地区。引导学生结合前面所学知识，分析西北地区富饶的原因、贫困的原因。在学生思考、质疑的基础上，教师引导学生发现矛盾，通过矛盾激发学生的探究兴趣和求知欲。

---

① 刘楠，北京市第八十中学教师。

② 李文胜，北京市朝阳区教育研究中心教研员。

二、设疑问难——探究讨论

教师引导学生进一步思考：面对西北地区的状况，你有什么促进西北地区发展的建议？学生以小组为单位，结合西北地区自然环境状况，设想对西北地区的不同方面进行合理开发（表 1），希望以此改变西北地区贫穷落后的状况。学生在自主探究的过程中，培养分析问题、解决问题的能力；在分析自然环境和区域发展的相互关系中，初步树立可持续发展的观念。

学生在讨论的基础上，可以用绘图、景观图片、文字等各种形式展示本组对西北地区的开发设计方案，学会用不同方式表达自己的观点。如矿产开发组提出，西北地区矿产资源丰富，应加大西北地区资源的开发，使西北地区的资源得到最大化的利用，促进当地经济的发展；农业开发组建议，适当加大畜牧业养殖数量，提高牧民的收入等；旅游开发组建议，应多开发一些旅游观光点，吸引游客来西北地区旅游；其他小组建议多修路，促进西北地区的贸易往来等。各小组将各自的观点进行展示并与其他小组的同学交流分享。

表 1　活动任务单

“西北地区开发和保护”小组合作内容
旅游开发组 开发内容：西北地区可以开发哪些旅游项目？（自然风光、人文景观、活动项目等） 注意事项： 为了吸引国内外游客来西北地区旅游，结合西北地区的自然环境和人文环境思考： 1. 西北地区旅游开发中可能出现的困难和问题 2. 设计合理的解决措施 小组汇报的形式：绘图、景观图片、文字等
农业开发组 开发内容：结合西北地区的自然环境，思考西北地区可以进行哪些农业生产（种植业、畜牧业、林业、渔业）来促进西北地区经济的发展 注意事项： 1. 结合西北地区的自然环境来设计农业生产活动 2. 西北地区的农产品怎样生产、销售才能远销海内外，为西北地区带来财富 小组汇报的形式：绘图、景观图片、文字等

续表

“西北地区开发和保护”小组合作内容
矿产开发组 开发内容： 1. 结合西北地区的自然环境和自然资源，思考西北地区可以开发哪些矿产资源 2. 西北地区如何依靠这些资源促进经济的发展 小组汇报的形式：绘图、景观图片、文字等
其他小组 开发内容：结合西北地区的自然环境和人文环境，思考西北地区还可以从哪些方面开发来带动该地区经济的发展 小组汇报的形式：绘图、景观图片、文字等

三、矛盾生成——思维进阶

学生听完各小组对西北地区开发的设想后，又生成了新的问题。不少学生质疑：这样开发的结果是农牧业扩大，导致土地荒漠化；矿产肆意开发，不仅会导致资源枯竭，而且会破坏环境等。在这里，教师及时提供“楼兰国消失”的资料，阐述不合理开发和利用资源给楼兰国带来的灭顶之灾。质疑的背后，生成新的问题：在西北地区的开发过程中，怎样做才能既促进经济发展，同时又保护西北地区的自然环境？学生再次分组，对新生成的问题进行讨论，并修改原有方案。农业开发组修改了原有的观点，改为畜牧业可以适当扩大，但一定要用科学的方法计算草场合理的饲养数量，并不断对草场进行维护，防止土地沙漠化的出现；旅游开发组建议，对于部分环境比较脆弱的地区，要制定旅游法规，规范旅游时间、人数等，并提出不是所有地区都可以开发为旅游地；其他小组认为不能一味地多修路，要合理规划设计等。通过质疑、思考、讨论，最终学生通过问题解决，以自主探究的方法落实了本节课的教学目标。

在地理问题解决式课堂教学中，教师针对不同教学内容创设情境，在情境中引导学生发现问题、解决问题，以问题贯穿教学过程始终。这种教学打破了以往“以教师提出问题为开始，归纳结论为终点”的封闭式格局，呈现了“学生在教师创设的情境中，自主经历‘发现问题—探究问题—得出结论—再发现问题—再自主探究’过程”的开放式格局。本节课把需要解决的问题融合在地理基础知识中，教师通过创设与问题有关的情境，引导学生自主发现问题、主动思考，激发学生探究学习的欲望。在整个教学活动中，学生始终处于自主地“思—辨—思”的状态。可见，地理问题解决式教学在教学理念上体现了“以学生为主体，教师为主导”的思想，在教学形式上注重了师生、生生的互动。这种教学方式既让学生学到了知识，又培养了学生解决问题的能力和创新的精神，并让学生体会到了探究知识的乐趣。

影响小学生数学问题解决能力发展的原因及对策研究

唐 斌[①] 聂湘玉[②]

数学问题是在一定的情境状态下，根据已有的数学信息及其之间的关系，经过一系列思维活动而产生的新的问题。在一定的情境下，运用已有的知识经验，采用一定的方法，通过收集、整理、归纳数学信息，提出问题、分析问题、解决问题、应用数学，达成数学学习目标，即数学问题解决。

《义务教育数学课程标准（2011 年版）》中将“问题解决”作为数学课程总目标之一，要求注重培养学生数学问题解决的能力。目前，多数学校的数学教学还存在过于强调为提升分数而机械训练的情况，学生将所学数学知识运用于实际生活来解决实际问题的能力还不足，这不利于学生可持续学习能力，特别是创新能力的发展。

一、影响学生问题解决能力发展的因素分析

（一）学生学习因素

1. 阅读习惯与能力

问题解决能力较强的学生的阅读速度往往较快，能在短时间内抓住有用的数学信息，并能筛选出相关信息；而问题解决能力较弱的学生常因为阅读习惯差，无法找到相关信息或只关注一些无用信息，导致提不出有价值的数学问题。如“每箱牛奶 12 盒，每箱 48 元，‘双 11’活动商场打八折，淘气买了 4 箱，______________？”要求提出一个分数应用的问题。有的学生提不出分数问题，有的学生提出的问题较肤浅，还有的学生提出的问题不符合要求，究其原因，主要是阅读时没有把握“打折”这个关键信息。阅读水平低的学生读不明白情境中的条件信息、目标信息、策略信息，更读不出它们之间的

---

① 唐斌，四川省成都市武侯实验中学附属小学教师，中小学高级教师。

② 聂湘玉，四川省成都市武侯实验中学附属小学教师，中小学一级教师。

关系，无法准确把握问题情境。

2. 学习心理与学习习惯

积极乐观的学生，对陌生的问题总是有好奇心，会主动探究、深度思考，能收获成功体验；有畏难情绪的学生，对问题总是恐惧、回避，不利于问题的解决。良好的学习习惯，如勾画关键信息、边读边思考、自主思考等，可以推动学生提出高质量的问题。有的学生提出的问题不着边际，有的学生提出的问题层次较浅，这均源于没有养成良好的学习习惯。而学习习惯较好的学生往往能迅速把握主要信息，能在信息间建立联系，能有效利用已知条件解决相关问题。

3. 思维方式与认知水平

单一而固定的思维方式，让人只能从一个角度思考问题、用一种固定方法解决问题，缺乏提出问题角度的多样性与多渠道解决问题的能力。笔者调查发现，思维方式机械的学生，问题解决方式基本上也较为程序化，应变能力不强。思维方式单一的学生往往找不到信息间、方法间的关系，无法对信息、方法进行再加工。

学生的认知水平也影响问题的解决，认知结构内的已有知识水平是影响问题解决能力的重要因素。有的学生遇到新的问题时，不能调动已有的知识、激活已有的方法，主要就是因为知识结构不完整。

（二）教师教学因素

1. 问题情境创设的“简”与“滥”

数学问题情境是为提出问题、解决问题服务的，讲究简洁、美观、有启发性。目前部分课堂仍存在教学情境或简单，或烦琐两种极端现象。如学习加法运算时，情境就只有两组小棒，缺乏生活味，没有生命力，也就没有吸引力；而有的情境创设，用了近 10 分钟的时间做游戏、表演、讲故事等，形式太繁，价值不足，浪费时间，严重影响学生对问题的思考。

2. 教学指导的“放”与“抱”

很多时候，教师请学生看情境图提出问题，学生提出的问题五花八门，不是数学问题的问题出现，与本节课无关的问题产生，没有触及本节课教学目标的问题较多……出现这样的情况，主要是由于缺乏教师引导。教师的教学指令不甚明确，没有体现本节课的教学目标，就会导致有的学生不知道如何阅读情境，不知道该提出什么有价值的问题，更不知道如何分析情境中数学信息间的关系，缺乏对众多信息结构化、概括化、系统化的思考。

而如果教师把情境解读、问题分析全部包办，课堂就成为教师的课堂，也不利于培养学生问题解决的能力。

在小学数学课堂中，教师恰当的指导能启发与点拨学生对问题的思考。教师要注意引导学生对情境图的表征以及问题表征、内涵进行深入分析，助其把握信息间的关系，这是一项长期的教学任务。

3. 问题解决方式的“轻”与“重”

在一般的教学中，常常是学生提出问题，独立思考，小组合作交流，分享解决方法。表面上以学生的学为中心，学生自主探究，自主发现与归纳，但经常出现同一类问题学生上台分享多次，却还是有很多学生不会的情况。经过调查分析发现，学生在讲述时，很多人仅讲了如何做，却无法讲清为什么这样做，也无法讲清楚自己的思考过程。因此，讲的仍然是解决问题的知识，而不是思考问题的方法。这样的教学，重结果而轻过程，没有渗透基本的数学思想方法，不能培养学生的数学思维能力，导致学生分析问题的能力不足。

二、问题解决教学策略

在教学中，我们应努力挖掘学生的潜能，帮助学生形成问题解决的基本策略，体验问题解决策略的多样性，使其养成自主探索、自我评价、合作交流的学习习惯，培养发现、分析、解决问题的能力，增强应用数学的意识，体会学习数学的价值，发展实践能力和创新精神，从而达到锻炼人、完善人的目的，为落实数学学科核心素养、培养创新人才奠定基础。

（一）重视问题情境模型构建

1. 创设情境要有针对性、生活性

要基于学生问题解决的特点，结合教材和课程标准，结合学生生活实际，创设问题情境。情境创设要杜绝“为情境而情境”，克服随意性和“多而滥”的现象。如学习小数问题时，对三年级学生多用常见的“元”“角”“分”，对四年级学生则多用较抽象的“米”“分米”“厘米”等创设情境。创设问题情境不仅要根据教学目标和知识点的构建情况进行，更重要的是要针对教学对象的特点，特别是学生生活实际进行，如低年级的问题情境常创设学生喜欢的几只或几组小动物、花草、水果等的数量的增减；高年级就融入科技艺术，如霓虹灯、神舟飞船、互联网 +、App、书法、摄影等。

2. 创设情境要有趣味性、问题性

在低年级的课堂教学中，情境创设常以学生喜欢的简短的故事、儿歌等形式呈现，故事中的数学信息、数量关系较清楚。如小猫捉小鱼、小猴摘苹果、蜜蜂采蜜、机灵狗闯关之类的故事，吸引他们认真听，用心发现信息与问题。在中高年级的课堂教学中，情境创设常以学生较关注的图形、运动实物、艺术体育表演等形式呈现，隐含着数量及数量关系。飞行员、火车、鸵鸟奔跑的速度、篮球运动员的身高、购物打折促销、游泳池的周长面积、建筑物的高度等，这些学生生活中的现象都能够引起学生关注，引发学生进行数学思考。

创设有效的问题情境，可以让学生处于一种不断质疑的心理状态，促使他们积极思考、认真探索、不断提出和解决问题，形成“问题意识”。如学习用乘法解决问题时，教师创设的情境常是购买几个相同物品需要多少钱或求几个相同数量的和之类，在情境中就包含了“求几个相同加数和的简便运算”的数学问题。数学游戏活动中会有对公平性、规律性、分类的思考。比如，“我们年级有 367 位同学，至少有两位同学的生日是相同的”“我们班有 42 位同学，至少有多少位同学在同一月出生”等情境，更易引发学生思考，促使他们去调查、分析、验证，最后得出方法。

有效的问题情境中要有未知因素，能产生问题，能引发学生想去探究的心理动机；问题要接近学生最近发展区，使其能通过各种努力解决。

（二）着眼良好习惯培养

1. 培养良好的阅读习惯，形成完整把握数学信息的习惯

阅读能提升语言转化、信息获取和信息处理能力，这直接关系到数学问题解决能力的提升。

阅读数学课外读物，要有读“情节＋思想”的习惯。有的数学课外读物有比较完整的故事情节，故事中蕴含数学问题。在阅读时，既要像语文阅读一样重视故事的阅读，还要注重故事里的数学元素，把握数学问题，在阅读中思考问题解决的方法，体会问题解决的数学思想。如读《数学荒岛历险记》，学生既需要读清楚罗克逃生的经历，也要明白罗克是如何用数学思维能力逃生的，体会问题解决过程中的数学思想——符号意识、数形结合思想等，从而体会到数学的妙处。

阅读教材，要有读“情境＋方法”的习惯。北师大版小学数学教材，每课都有情境图，数学公式、概念课也不例外，都是在情境中体现数学问题。因此，教师指导学生阅读数学教材时，要让他们先读情境图，准确把握数学信息，读出问题；再阅读问题，在解决过程中归纳问题解决的不同方法，体会多种策略。阅读数学公式、概念课的教材内容时，应该读出公式推导、概念演绎归纳的方法。

阅读数学题目，要有“勾画＋提问”的习惯。教师要指导学生用不同符号勾画圈点题目中的关键信息，特别是易混点和易错点，培养学生“咬文嚼字”的习惯，如“多多少”“谁是谁的几倍”“千米和米”等，提取关键信息，做到不漏、不随意添加信息；要引导学生学会自我提问，如解决的问题是什么，需要哪些条件，哪些条件与此相关，条件间有哪些联系，从这几个条件可以得到什么结论，条件里还隐含了哪些信息等，正向与逆向思考，分析与综合法并用，进行思考性阅读。

阅读错题本，要有“批注＋技巧”的习惯。教师应要求学生定期阅读错题本，提高整理的效能。阅读时，思考错误的原因，用红笔批注易错点、知识点，归纳解题的技巧。

2. 培养用多种方式表达数量关系的习惯

教师要帮助学生学会用直观的线段图、条形图、列表、数学等式、数学符号等方式，分析清楚问题已知条件和问题之间存在着什么样的数量关系。如涉及“和差倍问题”、分数应用、行程等典型数学问题时，需要边读题边画线段图以体现数量关系；涉及鸡兔同笼、租车租船等问题时，用列表选择策略；涉及搭配的学问、比赛场次等问题时要用画图连线；涉及加减乘除的数学问题时，可以画条形图或表格等。以简洁的数学符号描述条件、体现数量关系，将抽象的关系用形象的符号体现，使得问题解决的难度降低，有利于问题解决策略的制订与选择。

3. 培养好“问”的习惯

营造平等、民主的思考氛围，让学生敢问；提供质疑的时间、空间，让学生能问；教给学生提问的方法，让学生会问。教师要指导学生抓住关键信息，结合生活情境提出问题，以及在学习中寻找问题的方法：课前预习，发现自主学习中的问题；课中学习，归纳交流问题；课堂中解决一些能解决的问题，再归纳不同类型的问题；课后复习，“无疑处生疑”，驱动再学习。小组合作学习是一种培养学生“愿问、能问、善问”的习惯与能力的形式，由于组员之间有平等互助合作的关系，有融洽的问题氛围，有展示自己思考过程和结果的流程，也有合作评价激励，因此，合作学习是共建共享学习资源的一种载体。

4. 培养有序思考的习惯

有序思考就是按照一定的顺序对问题对象进行排列组合，使其既不遗漏，又不重复，进而获得正确结论的思考方法。有序提取数学信息，能让问题在条理中产生；有序地认知、思考，问题解决的过程才具有逻辑性；分步逐层解决问题，有利于知识的意义建构。例如：“面包车每辆限坐 8 人，100 元 / 辆；小轿车每辆限坐 3 人，60 元 / 辆。如果有 29 人，怎样派车比较划算？”解决此问题，从问题“划算”开始思考：哪种便宜就尽可能多租，空位尽可能少；比较哪种车便宜——面包车；再设计全选面包车，或面包车 + 小轿车等方案；

设计几种方案，根据计算结果选择最优方案。在解决问题时，从问题的信息入手综合分析，再从问题入手分析条件。以这种思路思考问题，方可实现思维的有序性和逻辑性。

5. 培养大胆猜想、小心求证的思维习惯

大胆猜想、小心求证的思维习惯即运用已有知识主动大胆地联想、推测、探索，从不同角度去寻找解决思路，最终独立获取解决问题的策略和思想方法。如古老的数学问题："两人坐在长方形桌旁，并且两人相继轮流往桌上平放同样大小的硬币，硬币不能重叠，最后桌面上只剩下一个位置时谁放下最后一枚，就算谁胜了。设两人都是能手，是先放的胜还是后放的胜？"假设桌子很小，小到仅能放一枚硬币，得出结论是先放的胜；再逐渐扩大论证，最终证明"只要先放在桌子中心点，先放的总会胜"这个结论是正确的。

遇到复杂的数学问题，数量关系不明显时，需要先大胆假设，再用举例、推理的方法进行验证，如与结论不符合，则调整结论。这种思维训练有利于培养学生对数学问题的探究精神和严谨的科学态度。

6. 培养数学应用的习惯

数学课堂中不仅要让学生收获数学知识，更要增强其实际应用的能力。数学模型在应用中可以得到发展与完善，学生在解决与之有关联的问题中可以实现知识迁移和能力提升，如解决"要用固定长度的栅栏围成面积最大的鸡舍"的问题，需要应用正方形、长方形、圆等多种知识。教师应多安排学生参加数学实践活动，引导学生用数学的眼光看问题，应用所学数学方法从数学的角度观察事物、阐释现象、分析问题、解决问题，从而培养数学应用能力，形成良好的数学思维。

（三）强化合作意识与合作学习

建立小组合作探究学习形式，引导学生在独立提出问题、思考问题解决方法的基础上，适当进行小组合作交流，让个体获得更多解决问题的帮助和启示，形成稳定的方法意识、策略意识，这也有利于学生将解决问题的方法和策略内化为个人的数学素养。

学生在交流、解决问题的过程中，数学语言表达能力得到提高，思维得到发展。学生在分享他人思维过程中思辨，对比自己的思路与方法，获得更多的启示；在相互评价的过程中深度思考，提升自己对数学问题的思考能力。

（四）优化思维方式

在教学中，教师要注意聚合思维与发散思维的结合，部分与整体的结合，整体化与结构化的结合，分析与综合的结合，类比思考与异向思考的结合，形象与抽象的结合，以及图形、特号等形象情境与抽象概念、定义、定理的结合。要注重问题解决方法的多样性，鼓励学生多角度、多方位思考，寻找不同的问题解决方法，学会比较与选择，找到最优方法，从而优化思维方式，形成问题解决的数学模型。

（五）构建以问题解决为核心的课堂教学结构

以问题解决为中心展开课堂教学，将教学内容整体纳入问题解决的框架之下，教学着眼于学生问题解决的学习方式的形成。如计算或定义概念课中，教师预设迁移性问题和反馈性问题的学习，引导学生解决问题；规律性内容如“搭配中的学问”的教学中，教师设计过渡性问题、强化性问题、变异式问题的学习，引导学生创造性地自主解决问题，让学生在问题解决过程中产生自主学习意识和创新意识；综合实践活动课如“租车”“包装中的学问”等，教师设计延伸性问题的学习，指导学生从真实生活情境中确定研究课题，在研究中主动获取并应用知识。

以“发现问题—分析问题—提出方案—验证方案”四大步骤，构建问题解决课堂教学基本流程。归纳整理问题，选取有价值的问题，突出问题意识；分析数量关系，感悟问题结构，进行问题的数学化建构，突出分析意识；设计探究活动，提出问题假设，突出应用意识；反复思索问题，产生联想、顿悟并提出假说和验证结论；将问题置于情境中，借助旧知识产生正迁移，建立猜想，引导学生在情境中提出解决问题的方案，并尽可能提出多种方案；养成验证习惯，归纳问题解决的思路，突出创新意识。学生通过感知—假设—验证—归纳，经历知识的形成过程，不仅获得了数学结论，更重要的是逐步学会了获得数学结论的思想方法——猜想验证，提高了主动探索、获取知识的能力，增强了学好数学的信心。

（六）细化评价标准与策略

个案评价，即从心理认知、知识结构、技能技巧、情感态度等方面分析学生问题解决的动机、过程方法策略、习惯能力，关注学生在这些方面的变化，从而调整指导方法。

个案评价的实施分阶段进行。如低学段的评价中，要注意考查学生能否在教师的指导下，从日常生活中发现并提出简单的数学问题；能否选择适当的方法解决问题；是否愿意与同伴合作解决问题；能否表达问题解决的大致过程和结果。在中高学段的评价中，重点考查学生能否从现实生活中发现和提出数学问题；能否探索问题解决的有效方法，并试图寻找其他方法；能否与他人合作；能否表达问题解决的过程，并尝试解释所得的结果；是否具有回顾与分析解决问题过程的意识等。

第二节　任务驱动式教学案例

语文活动任务的设计和评价

——以高中语文统编教材必修上册第八单元“词语积累与词语解释”为例

金瑞奇[①]

“学习活动”是语文教材编写的新形态，在新教材的引领下，学生学习的重点不仅是文本，还包括积极参与到语文实践活动中自主建构；教师教学的重点也不拘泥于文本，而是设计典型、合宜的学习任务，并进行指导、组织实施和评价。高中语文统编教材必修上册第八单元“词语积累与词语解释”，是《普通高中语文课程标准（2017 年版）》（以下简称“课程标准”）中“语言积累、梳理与探究”学习任务群在教材中的具体体现。下面谈谈笔者对本单元教学的思考与尝试，以求教于方家。

一、前提：吃透教材，把握学情

教材内容分为两大板块：一是三个有内在关联的学习活动，二是作为学习资源的语言学家关于词语的一组论文（节选）。因为不是文本单元，本单元的教学，既不能像教课文一样去挖掘研读，又不能只是让学生自己阅读而不加指导，一味讲授概念、圈画要点等简单灌输的形式更不可行。

本单元教学，首先要读懂教材思路，厘清三个活动之间的内在逻辑关系。

第一个活动是“丰富词语积累”。汉语词语是有系统的，我们要进行“家族式”的梳理，并反思、总结自己积累词语的经验，将之上升为理性的认识。丰富词语积累，一方面要学习历代流传下来的言简意赅、有固定意义的熟语，

---

①　金瑞奇，浙江省杭州市基础教育研究室初高中语文教研员。

包括成语、惯用语和歇后语等；另一方面要关注现实，留心伴随着日新月异的社会生活产生的各类新词语，包括网络用语。运用“家族式”梳理的方法，会使积累效果更好。

第二个活动是“把握古今词义的联系与区别”。学习古代诗文，要了解古汉语一词多义的现象，把握古今词义的异同，防止以今律古、望文生义。这也是积累词语的基础。要掌握古今词义的异同，需要避免碎片化的死记硬背，要梳理、探究，从而使自己的知识结构化。

第三个活动是“词义的辨析和词语的使用”。阅读时要准确把握词语的用法、感情色彩和语体色彩，体会词语运用的恰当、精妙。三个活动任务各有侧重，第一个提示词语积累的方法和路径，第二、第三个则提示学习古诗文和现代文时积累词语的注意要点。这三个活动任务说明课堂教学不能完全脱离阅读文本，凌空蹈虚地讲知识积累，语文学习如果只谈有关学习方法的知识，那一定收效甚微。

其次要充分利用好学习资源。吕叔湘、朱德熙、张志公、王力、叶圣陶、尘元（陈原）等都是著名的语言学家，他们论述词语的文章都很经典，所举例子和所讲语理都值得琢磨。学习“古今词义”可联读《语言的演变》《词义》中丰富的例子，有助于理解“词义的辨析和词语的使用”。教学前，建议学生根据自身基础事先阅读，做好笔记，课堂上提出疑问，由教师解疑答问。

再次要深入了解学情。因为刚从初中升入高中，学生的基础参差不齐，教师需要通过个别访谈、作业和预习提问等多种途径了解其学业情况。我们在调查中发现：（1）学生能自己看懂教材基本内容，对相关的语言现象也有一些积累和思考，但对于部分专业术语不能完全理解，对语言现象缺少理性认识。（2）学生接触成语、新词较多，能初步运用，但认识不够深入，对其文化内涵与运用时需要分辨的对象及场合等认识不足。（3）学生熟悉文言词语的一词多义、古今词义不同的现象，但多停留在具体的事实层面，缺少系统的思考，甚至简单地认为古今词义完全不同、缺乏联系。（4）学生对词语的辨析不够精细，虽然了解词语的褒贬和语体色彩，但运用时缺乏敏锐的语感，不懂得在具体语境中灵活合理地使用。学情调研是教师设计学习活动任务的前提。如对学习资源的处理，基础较好的班级可以自学为主，个别答疑为辅；基础较弱的班级可在教师的指导下阅读、交流。再如谈到词语的“家族”与古汉语“一词多义”，涉及汉字的部首偏旁时，教师需要讲授汉字与汉语的关系，讲解字形与词语本义的关联。汉字是典型的表意文字，最大的特点就是构形和意义密切相关。教师可以适当举例示范，让学生查找工具书，通过汉字的构形窥探词的意义。

二、关键：融合统整，设计任务

词语的积累是与语文学科内容的学习紧密结合的，教师在教学中要做好融合统整的工作。

因为是第八单元，很多教师的第一反应是安排在期末教学。其实完全不必拘泥于单元编排顺序，教师可以根据实际需要自行调整，如将本单元的学习安排在开学初，在学生阅读相关内容后布置学习任务，在教学其他单元内容时插入本单元的学习。也不必将三个活动整体一次性实施，可以灵活地分三次进行。如有的学校在完成第六单元第10课《劝学》《师说》的教学之后，安排“把握古今词义的联系与区别”的学习；在上好《反对党八股（节选）》《拿来主义》之后，加入“丰富词语积累”的教学；在学习了《故都的秋》《荷塘月色》《我与地坛（节选）》之后，完成“词语的辨析和词语的使用”的学习。当然也可以把本单元的教学放在期末，通过整理、归纳课本的语言材料，将本单元的学习与期末的复习教学有机整合，提高教学效率。

怎样将教材内容转化为丰富的学习任务，是本单元教学成功的关键。思考设计学习任务时需要注意下面几点。

一是任务的综合性。统整阅读与鉴赏、表达与交流、梳理与探究，引导学生参与各类丰富的语文实践活动。如在学习《百合花》后，有教师这样设计任务：作者在叙述与小战士有关的情节时，使用口语色彩的词汇较多；在叙写跟文工团创作室的“我”有关的情节时，使用书面色彩的词汇较多。请找出这些词语，探究作者运用不同语体色彩的词汇在刻画人物、铺展情节、表现主题等方面的作用。任务把对小说的阅读、对人物和语言的鉴赏结合了起来，梳理探究之后又有口头交流，最终形成书面文字。再如：任选一位你所喜爱的作家，分析其作品是如何通过运用词语的感情色彩（褒词贬用、贬词褒用、中性词带褒贬色彩）来表情达意的。类似任务的完成过程，追求的是阅读与表达等语文能力的综合效应，这有助于克服以往教学普遍存在的碎片化的“满堂问”、单一知识点反复训练的弊端，能够切实提升学生的语文素养。

二是巧妙的切入点。课程标准强调真实情境，学习任务要结合现实生活和未来生活，符合学生的认知，是他们学习生活中容易遇到的，才有可能激发他们探究的兴趣。任务不求“高大上”，而要“小而巧”，以点带面，具有典型性。比如，杭州桐庐中学郑杰老师设计的关于“新词语”的任务：

1.“网红”是近年来非常流行的网络新词，还衍生出“网红主播”“网红商品”“网红景点”等名词。请再收集5个带“网红”的词语，指出这些事物的共同特征，探究此类词语流行的原因，分析其反映了怎样的文化现象，制作课件在全班交流。

2.《现代汉语词典》中收录了NBA、BBS、GDP、UFO等几百个用西文字母表示的词语，引起了争论。有人说：“西文字母词语出现在汉语词典中，是对汉语的污染。”有人则表示：“选录西文字母词语只是对当下语言现实的承认，体现了语言使用的从简趋势，适应了社会生活变化的需要。”请写一段文字，阐明你的观点，并在小组内进行辩论交流。

“网红”“西文字母词语”都贴近学生的语言生活，通过对此类现象的梳理，引导他们探究语言发展的规律，能够使他们的思维走向深入和全面。这样的任务具有典型性，培养的是学生的语文核心素养。

三是任务的适切性。设计学习任务需要关注学生的学习积累和生活经验，既不可过于追求学术化、系统化，超越学生实际，也不能止步于梳理、摘抄，缺乏深入辨析，没有思维含量。教师需要有宽阔的教学视野，既要了解初中学习的内容，又要熟悉课程标准对这些方面的刻画和描述。只有这样，才能比较自觉清晰地把握教学的尺度，设计出适切的学习活动和学习任务。

以“古今词义的差别”为例，教师可以引导学生结合初中所学知识进一步阐述分析。在日常教学中，教师往往强调古今词义不同的一面，而忽略了它们有联系的一面。如“牺牲玉帛，弗敢加也，必以信”中，“牺牲”一词古义解释为“祭祀用的猪、牛、羊等”，今义为“为了正义的目的舍弃自己的生命，也指放弃或损害某些利益”。多数教师都这么讲，学生就这么记。其实，教师可以试着追问：两者有没有内在的逻辑联系呢？“牺牲”，本义是对神灵祖先虔诚的奉献，引申出牺牲生命及利益的意思，又隐含着为了正义的事业献身之意，从而排除生老病死与因飞来横祸而死。这样的追问，能引导学生进一步探究，深刻理解词义，达成知识内化，并可以举一反三，领悟古今词义的演变。

针对学习基础比较好的学生，可以考虑提高任务的难度，起到“跳一跳摘到桃子”的效果。如杭州学军中学姚振娟老师设计了这样的学习任务：

阅读教材《资料摘编一组（2）》，了解本义和引申义的内涵，再借助工具书或网络资源，探究下表中汉字的本义，思考文字反映了古代中国怎样的女性文化和婚俗文化，写一篇学习笔记。

甲骨文				（缺失）	
金文			（缺失）		
小篆					
楷书	女	妇	娶	婚	婴

面对这样的任务，学生反响热烈，兴趣盎然。这里有汉字形体的演变，有汉字偏旁的“家族式”梳理；在探究本义的基础上再深入思考，即关注语言文字背后的历史文化现象。这其实是一个微课题，一个微型的项目化学习，能让学生经历一次研究者典型的学习思考过程。这正是培育核心素养所需要的深度学习。正如课程标准中所要求的“学生通过典型内容的学习，体会典型的思维过程与方法，体验典型的思想情感，呈现典型的学习成果”。

三、挑战：开发量表，落实评价

高中语文统编教材强调学生积极的语言实践活动，关注学生个性化、多样化的学习和发展需求，倡导基于情境、问题导向的互动式、启发式、探究式、体验式等课堂教学。因此，教师在设计学习活动时更加需要有目标意识和评价意识，努力使学习的目标与成果“可见可测”，做到“学有反馈”“做有评价”。本单元的学习活动，多采用自主合作探究的方式，所以应强化学习过程中的自我评价和同伴评价。教师可以根据具体任务和预期目标，重点开发一些评价量表。在制订目标时，就要思考如何评价。表 1 是我们开发的语言札记写作的评价量表。

表 1　语言札记写作评价量表

项目	表现	占比（%）
素材积累	语言材料典型，数量足够	20
梳理归纳	借助正规书籍，梳理恰当	20
探究发现	有所发现，观点与材料匹配	30
语言表达	概念准确，简明清晰	30
特殊加分	如有下列情况者可以酌情加 3 至 10 分：①材料丰富；②分析深入；③有独特的发现；④用语严谨专业	/

此表可以根据学生表现，划分为优秀、良好、合格、不合格四级。评价量表的设计，要关注评价内容的特点，细化评价项目，针对关键环节；同时要尽量简便、清晰，定性与定量相结合，具有实际操作性。本单元的评价形式应尽可能多样化，如可以针对全体学生编制基础等级的测试卷，基本完成即合格；对部分学有专长的学生，可以设置开放性的探究题、写作专题式的小论文。梳理与探究的任务，学生可以独立完成，也可以小组合作共同完成。评价时，可以针对不同的岗位提出不同的要求，对合作的成果，无论是代表发言还是课件展示研究成果，都需做出评判。让学生参与评价标准的讨论，对个人和小组表现进行评分，尊重学生的主体地位，真正体现“评价的过程也是学习的过程”的新课标理念。

任务关键点的预判与调整

——基于高中语文统编教材必修上册第七单元教学实践的探索

高翀骅[①]

高中语文统编教材必修上册第七单元的人文主题是"自然情怀"，课文包括郁达夫的《故都的秋》、朱自清的《荷塘月色》、史铁生的《我与地坛（节选）》、苏轼的《赤壁赋》、姚鼐的《登泰山记》。这些作品描绘的对象是广义上的自然，包含人文景观，其言说对象也不是独立于主体之外的自然，而是注入了作者情感思绪的景物。本单元学习任务的核心是打通"自然"和"情怀"，探究作者如何将人的生命主体与客体世界关联、融合，理解两者的相互作用。

从文体的角度看，第七单元是对应"文学阅读与写作"任务群的三个单元中唯一以文学性散文为主的单元，教师要引导学生在语文学习活动中感受、体会那些与他们的日常生活有一定距离的人生体验，理解、赏析作品中与作者独特的情感认知融为一体的语言形式，进而深化对文学性散文这一文体的认识。

根据上述理解，结合教材中的单元任务，笔者在备课过程中形成了如图 1 的单元设计。

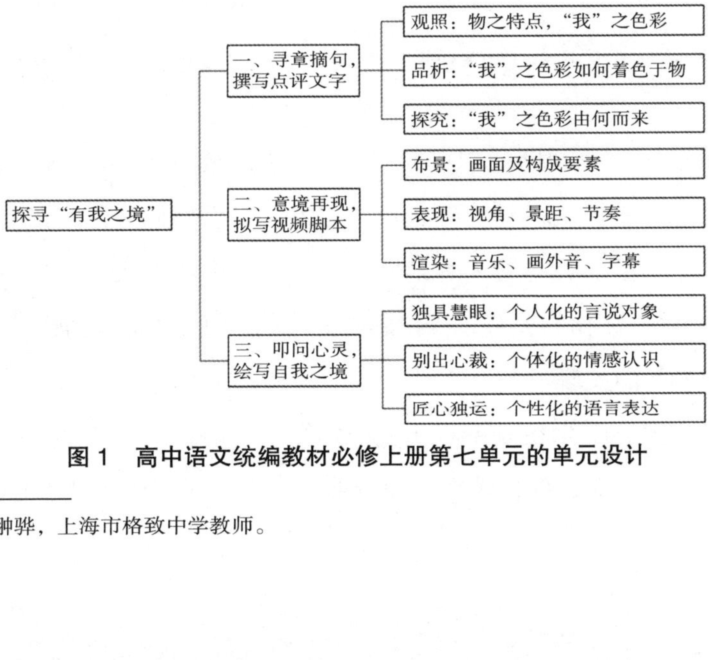

图 1　高中语文统编教材必修上册第七单元的单元设计

① 高翀骅，上海市格致中学教师。

任务确定后，课时如何安排？学习路径如何搭建？既要重审任务与学习目标间的关系，也要对任务关键点进行预判。所谓“任务关键点”，既指决定任务完成品质的要点，又是大部分学生获得其尚未具备的能力、品格、价值观的难点所在。对任务关键点的预判包含了对学情的分析。

一、对任务关键点的预判

将第一个任务“撰写点评文字”的关键点预判为“如何通过品鉴个性化的语言形式发现作者融入景物中的独特情感”，是基于以下思考。

（一）区别读者经验和作者经验

教材的单元学习任务中有委婉的提醒：“《故都的秋》《荷塘月色》和《我与地坛》描写的是同一个城市的景物，呈现出多姿多样的美。”这种不同，不仅是因为选景的差异，更是因为景物上所附着的“我之色彩”的不同。由此，强调主体和客体间“观照—反映”的关系，强调“我之色彩”的识别，其实是帮助学生有意识地搁置自己对景物固有的认识，深入体会经过作者感官过滤的景物，感受蕴藏其中的独特的情感体验。

（二）深化对散文语言涵泳玩索的体验

对好词佳句、精彩段落的点评，学生在初中阶段就有所尝试；在本册教材第一单元的学习中，学生积累了对意象、富有表现力的词语、细节描写等进行简要点评的经验。那么到了第七单元，怎样丰富其体验，深化其认识呢？

尤为重要的是要帮助他们摆脱机械地使用诸如“使用比喻，生动形象”或“骈散结合，整饬又灵动”等套语的习惯，引导他们去体察语言形式与表达内容之间的关系。如思考《登泰山记》第五段中所使用的短句与作者所突出的“多”“少”之物的关系，进而感受短句的表达效果与姚鼐本人对“士之进退”的思考间的关联。

教师还需要让学生在联系和比较中感受某一语言形式在“这一处”的独到的效果，如“微风过处，送来缕缕清香，仿佛远处高楼上渺茫的歌声似的”

和“光与影有着和谐的旋律，如梵婀玲上奏着的名曲”都用了通感的手法，哪一句更有表现力？评判的依据是什么？

教师更需要引导学生去反复咀嚼那些平淡而有味的表达，比如，《故都的秋》开头句子间的停顿感读来有何感受？《我与地坛》中“剥蚀了”“淡褪了”“坍圮了”“散落了”这串句子突破语法习惯的动宾搭配形成了怎样的表达效果？

（三）激发探究意识

帮助学生充实点评文字的内容，从“写了什么”“怎么写的”，进而探究“为什么这样写”。如追问“‘我之色彩’由何而来”，教师可以让学生结合自己的创作心境去理解“这一篇”散文和“这一刻”的心绪思虑间的关系；也可以引导学生运用第三单元曾体验的“知人论世”的方法，从苏轼谪居黄州、姚鼐辞官离京、史铁生在“活到最狂妄的年龄上忽地残废了”等人生际调的角度来推想；还可以让学生结合教材单元学习任务二中民族审美传统、古代文化符号的文化意义等角度挖掘；甚至可以就一些具体问题组织学生辩论，比如：“有人认为《故都的秋》风格缘于郁达夫所承受的家国之悲，有人则认为这是基于他个人的审美倾向，你怎么看？”

将第二个任务“拟写视频脚本”的关键点预判为“如何让再创造根植原文本”。撰写脚本、制作视频本身是一次再创造，怎样用这一任务来推进对课文的解读，而不是简单用个人的理解替代作者的用心？教师可以提醒学生将再造画面与原文对照比较，从视角、景距、构图等多角度审视画面的还原度；还可以让学生思考：在文字转化为图像的过程中，信息有没有丢失？情感有没有磨损？进而分析文字和图像在表情达意上的所长所短。这样做既立足于文本，也让这个任务在真实的生活情境——我们所处的读图时代中更具现实意义。

将第三个任务“绘写自我之境”的关键点预判为“如何找到独特时空中的自我”。“自然情怀”“物我观照”，这一单元的写作绝非仅停留在对客观对象的观察和记录这一层面，而是要找到能够与心境契合的“我”的风景。分析教材单元学习任务提供的两个选题，可以发现完成任务的不同路径。如《我仿佛第一次走过________》，引导学生捕捉某一刻对熟悉景象所产生的新的感受，这就需要审视“这一刻”的自我和日常的自我有何不同；而“节气”这个话题，可以引导学生在亲近自然、观察生活之外，搜集资料，进入他人笔下的生活场景，积累、运用这些文化图景，学习郁达夫对“秋士”之悲的联想、朱自清对江南采莲光景的追怀、苏轼对历史图景的回望，传达出自己的审美情趣、文化积淀、志趣情怀，找到文化图景中的自我。以上是笔者在单元设计阶段对任务关键点的预判和解析，在学生完成任务的过程中，有些预判被印证，也有些需要调整。

二、对任务关键点的调整

一组学生尝试以视频的形式表现《故都的秋》。在讨论时，有学生提议调整郁达夫所描绘的几幅图景的先后顺序，另一些学生则不认同。这一分歧让笔者意识到，在最初的单元设计中，对于“文脉”的关注是不够的。一篇散文中，作者独到的感官所触、心绪所至不仅由个性化的表达方式、语句来体现，也通过独出机杼的章法来体现。写景抒情散文中的画面不是孤立的，这些画面的组织是作者的感受和思考的外显形式。

借此，笔者对第二个任务“拟写视频脚本”做了改动（图 2），充实了这一部分的学习内容，而这一任务的关键点则调整为“如何从主客关系的细微变化把握画面的组织方式”。

之所以如此调整任务关键点，是因为学生所发现的图景序列依据存在差异。有些学生只能找到或满足于找到一些显性的线索，如游踪的变化、时间的推移；有些学生的发现更为细微、隐蔽，如《荷塘月色》中画面色彩浓淡的变化，《我与地坛》中作者观察事物视角的变化；还有些学生则更关注“象外之意”，如情感的起伏、对人生认识的变化。诸多发现中，有些是粗线条的，如从《赤壁赋》中找出“乐”“悲”“喜”三字；有些则较为细密，如苏子虽说“饮酒乐甚”，但在其词中却有“望美人兮天一方”，可见其求而不得的愁绪已然萦绕心头。

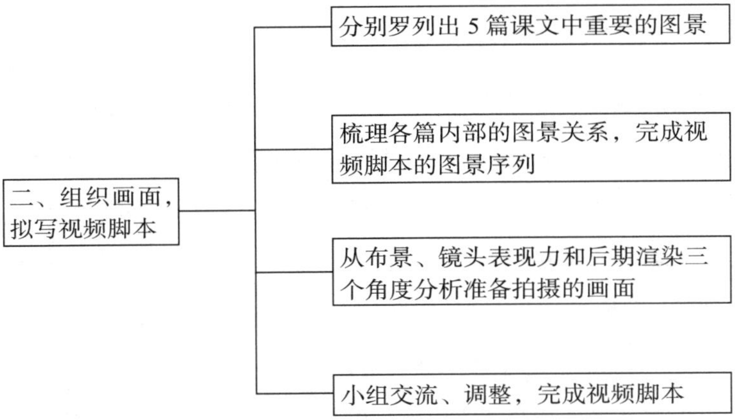

图2 调整后的任务二“拟写视频脚本”

郑桂华老师说：“本单元学习活动的重心是梳理作者所描绘的外部世界的情状，发现其对客体世界的处理方式（如取与舍、强调与忽略等），感受作者在自然景物上投射出的情感态度（如褒与贬、颂与怨），理解作者的情感基调与描写对象特质之间的作用机制，感受作者隐藏在景物描写背后的人生态度与情怀。”[1] 从这个角度来说，时间或者行踪并不直接反映主体对客体世界的处理方式，它与画面的组成有关，但与画面的呈现方式及内核关系较远。而过于粗疏地把握情感变化，会让学生难以体察情感本身的复杂和细腻，无法与丰富的画面很好地映射，从而影响其对情感与对象间“对照—反映”的把握。

在发现画面的组织方式后，不必急于将其归纳、抽象为一些构思的“法则”，反而应该沉浸于文本中，去体会这样组织的必要性，甚至是必然性。本单元的几篇课文，“同样身处逆境或被现实环境所逼迫，作者（主体）超越现实、获得精神自由的方式也大不相同……有的是借助特殊环境，与现实隔绝，如《登泰山记》和《荷塘月色》所反映的那样”[1]。那么，这种超越是暂时的，还是更为恒久的？与现实的隔绝是否成功？《荷塘月色》中的三段景色描写，外界的声与色如何一步步渗透入这优雅朦胧的荷塘月色，终于让朱自清不得不意识到现实的存在？《登泰山记》中，晚照之景清雅，日出之境磅礴，而第五段对泰山整体形象的勾勒在语言色彩上与前文相比显得冷淡和枯瘦，但这种刻意的、压抑的笔墨背后，是心灵的彻悟和对一部分现实决绝的冷静。这些景象或在登山时已映入眼帘，但我们可以将它们前置吗？

从画面组织的角度去感受文字和图像不同的表现力，也有新的体悟。一位学生这样说："我突然发现，虽然能够拍摄出'祭坛石门中的落日，光辉洒在地面上'的画面，但我拍不出'祭坛石门中的落日，寂静的光辉平铺的一刻，地上的每一个坎坷都被映照得灿烂'。读过前文'太阳循着亘古不变的路途正越来越大，也越红''轰然坠地，摔开万道金光'，自然就知道这'被映照得灿烂'的并不只是指地面的坑坑洼洼，而是史铁生人生路的坎坷、心路的坎坷，甚至他所理解到的生而为人就会面临的坎坷。但在画面上，这'坎坷'就是不那么平坦的地面，夕阳的余晖，仅此而已。"从这段话可以看出，其实学生已经意识到，影视作品中的能指和所指几乎是一致的，而文学符号的能指和所指往往不是一回事，其中的关系是文学艺术尤为精妙之处，也正是教师希望学生通过这个单元的学习去体验的部分。

在完成这个任务的过程中，学生也对散文"形散神不散"的说法有了新的认识。有学生说："我以前认为'形散'是形式上松散，'神不散'就是主旨唯一。现在我觉得'形散'是说形式上可以很多样、有很多变化，但不是松散，甚至思路上应该是严谨的、有推进的；而'神'用主旨来替代好像有点泛化，比如，我们初中学《登泰山记》时说其主旨是'热爱祖国大好山河'，但作者的思想感情其实是复杂的、细腻的，'神'有写作者精神主体的意味。"这样的思考也为下一个任务"绘写自我之境"做了铺垫。

以上内容呈现了从任务设计到任务实践，对高中语文统编教材必修上册第七单元任务关键点做出预判和调整的过程，这个过程也帮助我们深化了对任务关键点的认识。

那么，当教师接触到任务关键点这个概念后，是否会将它简单等同于以往备课时我们所预设的教学重难点，最终又回到以往的授课方式，用“垄断”的方式来主导课堂？其实，任务关键点的概念与任务群学习的理念相关，隐含着对学习主体、学习过程的极大重视。教师需要密切观察、关注学生在完成任务过程中的实际情况：哪个环节学生无法通过自己原有的经验达成，哪个活动没有运用语文的方式来推进，哪些步骤引发了学生的思考、争论……教师需要根据自己的已有经验对课堂教学进行预判，但更需要根据实际情况有所调整。

参考文献：

[1] 郑桂华．“自然”概念、主客关系与人生境界——“自然与情怀”单元教学的支点、路径选择［J］．语文建设，2019（19）：4-8.

数学教学任务向深度学习问题的转化

孙学东[①]

“基于真实情境的任务驱动，在数学活动中的问题解决”是深度学习促进核心素养落地的重要途径，其关键是如何将“教学任务”转化为支持学生深度学习的“学习问题”。数学教学任务不单是指教学目标或教学内容，还包括围绕教师和学生组织实施具体内容的课堂活动。依据认知水平的差异，教学任务可以分为低认知水平任务、中等认知水平任务和高认知水平任务。不同认知水平的教学任务因转化的问题指向不同，产生的教学效益也不同。低认知水平教学任务有可能转化为深度学习问题，中等或高认知水平教学任务也可能转化为浅层学习问题。本文将阐述数学学科中如何将不同认知水平的教学任务转化为支持学生深度学习的问题。

一、单元整体分析中提炼非常规性问题：低认知水平教学任务向深度学习问题的转化

低认知水平的教学任务是常规的、封闭的、确定的，完成这一类任务，基本不涉及对数学知识的深刻理解，学生凭借机械记忆、套用程序、重复训练即可。比如，“同底数幂的除法”包括零指数幂、负整指数幂和同底数幂除法三个教学任务，从运算法则上来说，前两者是“规定”，后者很“显然”，这是典型的低认知水平教学任务。这样的教学任务很容易成为运算法则“规定”或简单推演后的反复操练。

其实，再简单的教学任务，从知识发展整体脉络上看都是有深度的，学习问题的肤浅盖因缺少教学任务整体意义的呈现。对单元内容结构的分析可以帮助我们清晰地认识单元核心任务，从而提炼出深度学习问题。

① 孙学东，江苏省锡山高级中学实验学校教师发展处主任，中学高级教师，无锡市数学学科带头人。

（一）单元内容结构分析

内容见图 1。

$a^m \cdot a^n=a^{m+n}$（m、n 是正整数）

$(a^m)^n=a^{mn}$（m、n 是正整数）

$(ab)^m=a^m b^m$（m 是正整数）

$m>n$ 时，$a^m \div a^n=a^{m-n}$（$a\neq 0$，m、n 是正整数）

“两个规定”使得 m、n 在整数范围内成立

$m=n$ 时，$a^m \div a^n=a^m \div a^m=1$，$a^m \div a^n=a^{m-n}=a^0$ $\xRightarrow{\text{规定}}$ $a^0=1$（$a\neq 0$）

$m<n$ 时，$a^m \div a^n=\dfrac{1}{a^{n-m}}$，$a^m \div a^n=a^{m-n}$ $\xRightarrow{\text{规定}}$ $a^{-p}=\dfrac{1}{a^p}$（$a\neq 0$）

图 1　幂的运算单元结构分析

（二）单元核心任务分析

（1）规定零指数幂、负整指数幂的意义后，幂运算的意义得以扩充：原先只在正整指数范围内的同底数幂的乘法和除法、幂的乘方和积的乘方等运算性质在整数指数范围内都适用。因此，在同底数幂运算中帮助学生认识“两个规定”的合理性是单元教学的核心问题。其中零指数幂又是基础，由它可以更合理地认识负整数幂的运算性质：$a^{-p}=a^{0-p}=\dfrac{a^0}{a^p}=\dfrac{1}{a^p}$。

（2）当整数指数幂范围内幂运算的性质依然成立时，同底数幂的乘法、除法法则本质就一致了，由乘法法则可以推导除法法则：$a^m \div a^n=a^m \cdot \dfrac{1}{a^n}=a^m a^{-n}=a^{m-n}$。认识到这一点可以消除学生运算思维发展的“违和感”，即小学学习的四则运算的本质特征在幂的运算中依然是存在的，运算法则的内部是和谐统一的（以后学习幂指数、对数乃至高等代数、抽象代数的相关定义的“规定”也是如此）。

（三）深度学习问题提炼

由以上对单元内容结构与单元核心任务的分析，可以获得以下支持学生深度学习的问题：

问题 1：$2^3 \div 2^3 = 2^{3-3} = 2^0$，$2^0$ 有什么意义？等于多少？进一步，a^0 等于多少？

问题2：你能依据同底数幂的乘法法则推导同底数幂的除法法则吗？

问题1的解决需要设计多种教学活动，让学生感受“规定 $2^0=1$”的合理性。比如，细胞分裂的情境：一个细胞分裂1次变2个，分裂2次变4个，分裂3次变8个……那么，这个细胞没有分裂时呢？再比如，类似地画出相应的数轴帮助学生更直观地接受零指数幂的合理性。在问题2的解决过程中，学生可以较充分地体会数学自身发展的轨迹、数学内部的统一和谐，这不仅有助于学生理解和掌握知识技能，更能发展学生的理性思维，促使他们用逻辑推理和证据认识客观世界。

低认知水平教学任务可以通过对单元的整体分析提炼出深度学习问题。基本做法是：首先要用系统的方法寻找教学内容的内在关联处。这些内在关联的内容可以成为深度学习的主题，它们可以是重要的数学概念、核心知识或数学方法思想。其次是分析核心的教学任务。目标指导任务，然而对教学任务的理解又会在很大程度上影响教学目标的设定，因此，分析核心教学任务本质上是对教学目标的再认识、对课程潜能的再发掘。最后是提炼出深度学习问题并在数学活动中加以解决。

二、思维进阶中设计探究性问题：中等认知水平教学任务向深度学习问题的转化

中等认知水平的教学任务强调学生对数学知识的理解，学生要完成任务，必须密切联系隐含的数学概念或观念，不假思索直接套用现成的公式、方法往往难以奏效。比如，“探究 $y=\frac{6}{x}$ 的图像及性质”这一教学任务，学生需要类比一次函数图像的画法，但它又与一次函数图像不同——非直线、非连续，学生要做具体操作并结合相关知识才可能画出图像。

如果设计问题：如何画反比例函数 $y=\frac{6}{x}$ 的图像？请填写表格（一个两行数列并设置了部分自变量的表格，此处略）；在平面直角坐标系中描点；用平滑的曲线顺次连接这些点。任务本身是有难度的，但是转化的问题并没有给学生提供灵活、批判和创造性思考的机会，只是以往现成知识的搬运和模仿

操作，尚属浅层学习。

事实上，在数学学习的过程中，学生要有思维参与才能完成观察、类比、归纳、联想、演绎等教学活动，因此数学学习本身就是一个探究的过程，关键在于这种思维参与是被动模仿还是主动尝试，是浅层的还是深刻的，是同一层面的反复训练还是多角度认知的思维进阶。不妨这样设计问题：

问题 1：由数猜形：观察反比例函数 $y=\frac{6}{x}$ 的表达式，它的函数图像在平面直角坐标系中会有哪些特征？

问题 2：为数配形：列表、描点、连线是作一次函数图像的基本步骤，请类比这些步骤，在平面直角坐标系中画出反比例函数 $y=\frac{6}{x}$ 的图像。

问题 3：数形结合：问题 1 的结论在问题 2 的图像上还成立吗？观察问题 2 中反比例函数 $y=\frac{6}{x}$ 的图像，它还有哪些特征？

问题 4：联想迁移：在问题 2 的平面直角坐标系上快速画出 $y=\frac{6}{x}$ 的图像。

以上问题设计，思维的灵活性、创造性和批判性都有很好的逐级递增的表现：问题 1 是一个深度学习的过程，它以联想为媒介，观察函数变量间的关系，猜想图像概貌。问题 2 是对问题 1 的图像概貌通过严谨作图加以验证，这个作图的思维过程是整体性的，空白的表格和空白的直角坐标系需要学生自己有序地设定自变量，思考描过的点怎样连，与问题 1 猜想的图像是否一致。问题 3 是对问题 1 的图像概貌和问题 2 的精确作图进行联系和对比，以获得正确的图像。问题 4 则是对前三个问题整体把握基础上的知识的迁移运用，两个函数图像放置在同一平面直角坐标系中，更有利于全面归纳反比例函数的性质。中等认知水平的教学任务可以通过设计思维进阶的探究活动转化为深度学习问题。除探究活动设计中常见的问题外，还要关注以下几点：一是关注任务对象的数学特征和学生的认知特点，探究活动不宜泛化，问题不宜太难或太易，以有助于展现知识生成过程和激发学生深层次思考的进阶性问题为宜；二是关注思维结构的整体性，指向性太过明显的、铺垫太过细致的问题导向的是零碎的思维，零碎的短链条思维方式在没有外在指令的情况下往往不会使学生深入思考问题；三是关注数学探究活动方式的内化，思维进阶的问题设置应有利于学生对数学知识的逐步抽象和建构，而探究活动本身也应有利于学生数学活动经验的积累。

三、情境的数学化中设置开放性问题：高认知水平教学任务向深度学习问题的转化

高认知水平教学任务的特点是非常规、开放性和情境性，它常与实际问题相联系，问题解决的方式多样且没有现成的方法可供借鉴。比如，以下教学任务在"一次函数、一元一次方程和一元一次不等式"一节中比较常见：

某公司欲购买20套西装和多于20条的领带，采购员发现甲、乙两商场的某款西装定价都是800元/套，领带定价都是100元/条。甲商场的促销方案是：买一套西装送一条领带；乙商场的促销方案是：西装和领带均打9折。

如果转化为这样的学习问题：

问题1：设领带每条x元，A商场需付y_1元，B商场需付y_2元，请分别写出y_1、y_2与x的函数关系式。

问题2：你能借助函数图像说明选择哪家商场更合适吗?

如此，一个高认知水平的教学任务就成了常规、封闭、操作性强的浅层次学习问题。

布鲁纳在发现法教学中主张创设问题情境，并认为在一定的问题情境中，经历对学习材料的亲身体验和发展过程，才是对学习者最有价值的东西。这里的亲身体验和发展过程需要问题引领，问题需要一定的开放性才能实现情境应有的价值。可以设计这样的问题：

问题1：购买30条领带和45条领带分别去哪家商场比较合适?

问题2：请为采购员设计具体的购买方案。

问题3：丙商场同款西装、领带的定价和甲、乙商场都相同，它的促销

方案是：购买 20 套西装送 10 条领带，其余领带打 8 折。采购员又该如何设计方案？

面对这一复杂性增强的开放性问题串，学生没有现成的、确定的方法可以借鉴，不同的学生会有不同的方案。问题 1 帮助学生理解：领带条数的不同决定了采购员会去不同商场，内隐条件里总金额与领带条数之间是函数关系。问题 2 方法多样，用小学算术的方法可以得到结果，但要清楚地表述会比较困难；设领带条数为 x，可以用不等式的方法处理；如果从变量的角度看，设领带条数为 x，总金额为 y，建立函数模型，用作差法转化为不等式来处理；也可以利用函数图像直观发现。问题 3 的解决，用其他方法都比较烦琐，而用函数图像处理起来就简洁多了。在方法的比较和评判中，学生体会到“抽象数学问题，建立函数模型”可以更直观地解决问题，对数学的认识也就自然地由常量数学飞跃至变量数学。

可以通过设计开放性问题将高认知水平的教学任务转化为深度学习问题。转化中需注意以下几点：一是高认知水平教学任务向深度学习问题的转化是数学化的过程，教学任务中要有“数学”，转化的问题更要凸显“数学知识的本质属性”，现实性、趣味性和数学性的统一是将高认知水平教学任务转化为深度学习问题的基本原则；二是为避免高认知水平教学任务被转化为浅层学习问题，需要设计开放性问题，开放性问题可以是知识和方法上的开放，多样化、多层次地体验知识发生、发展的过程有利于学生批判地开展深度思维；三是开放性问题的设置需要关注思维的一般性过程，一般性问题具有较强的迁移功能，学生可借此学会发现问题、提出问题的基本方法，这是深度学习教学实践的重要价值取向。

设计深度学习问题旨在挖掘教学任务背后的课程潜能、素养指向和育人价值。因此，将数学教学任务转化为深度学习问题，并不是将问题搞难，而是尽可能地避免教学任务被转化为浅层的反复机械训练的数学题目，并在此基础上激发学生的学习意向，使其能够探查知识的核心，发展高阶思维能力。

关注统编语文教材中的“共同任务群”

刘大鹏[①]

“学习任务群”是《普通高中语文课程标准（2017年版2020年修订）》（以下简称“新课标”）中的一个重要概念。王宁教授指出，“对整个教学来说，学习任务群之间要有组织的结构化”[1]。必修、选择性必修、选修三种课程中任务群的呈现，即是这种“结构化”在课程标准和教材方面的具体体现。学习任务群的多重任务并非简单叠加的关系，而是按照新课标的规定，观照人文主题和学习任务群的要求，基于学情和单元篇目的具体内容，将各种不同学习目标和能力层级的任务组合在一起，以便从语言、思维、审美和文化等方面提升学生的语文学科核心素养。在教学中，也应体现出“结构化”的特点，有组织地落实任务群教学不同层次的任务。依据新课标规定，必修课程共有7个任务群，选择性必修和选修课程各有9个任务群。这些任务群按照类型又分为专属任务群和共同任务群。专属任务群是专属于某一课程的任务群，而共同任务群是贯串于高中语文学习始终的任务群。本文重点对共同任务群的概念、特点进行探讨并提出教学建议。

一、共同任务群的概念

新课标在“教材编写建议”中明确指出，“必修、选择性必修和选修教材要落实各自的专属任务群，还要落实贯串于高中语文学习始终的共同任务群”[2]。由此可知，专属任务群专属于必修、选择性必修和选修的某一课程领域，其教学在该课程领域内进行。共同任务群则是跨课程领域的任务群，贯串于高中语文学习始终。因此，所谓共同任务群，指同一类型任务群出现

---

① 刘大鹏，广东省佛山市第一中学语文教师。

在必修、选择性必修和选修三种课程类型中，是不同课程类型共有的任务群。

梳理必修、选择性必修和选修三种课程类型，不难发现，18 个任务群中“整本书阅读与研讨”“当代文化参与”“跨媒介阅读与交流”是贯串于高中语文学习始终的。这三个任务群就是共同任务群。此外，“语言积累、梳理与探究”任务群跨必修和选择性必修两种课程，而这两种课程是高中语文学习的主体内容，因此，我们也可以将其当作共同任务群来对待。

之所以在不同的课程领域设置共同任务群，无疑是因为这些任务群内容丰富而且重要，需要在不同年级及课程领域中反复出现，以实现对学生语文素养循序渐进、螺旋式提升的培养。也就是说，共同任务群是针对该任务群的特点，为了加强此类型任务群的教学而设置的。从评价的角度看，“同一个学习任务群在‘必修’‘选择性必修’和‘选修’不同领域的设置，决定了任务群学习的评价方式和标准必须具有鲜明的层次性”[3]。这里所说的“层次性”，是共同任务群教学在评价维度上“结构化”的具体体现。

二、共同任务群的特点

（一）统整性

共同任务群作为一个整体，体现出鲜明的统整性特点。统整的概念包括多个层面，涉及多个领域。例如，有学者认为统整指“打破课程要素分立，实现课程要素内部以及要素之间有机联系的课程开发过程”[4]。共同任务群的统整性指教学中将共同任务群当作一个整体，注重任务群与任务群之间的有机联系，而不是将其视为分立的个体。例如，“整本书阅读与研讨”任务群，在必修教材上、下册中分别要求对《乡土中国》和《红楼梦》进行阅读，而选择性必修和选修并未明确规定阅读篇目，对这一任务群的要求是穿插在其他任务群之中的。选择性必修上册第二单元“中华传统文化经典研习”任务群中，就穿插着对《论语》《孟子》《老子》《庄子》《墨子》等进行整本书阅读的要求，教师可以有计划地安排学生对其中的一本或几本开展整本书阅读。在教学时，教师要着眼于共同任务群的整体要求，将分散在每册教材中的同类任务群做统筹安排，无论是教学目标、教学任务还是学习活动，都要尽可能避免重复。要做好教学目标、教学任务的结构化安排，教学重难点、训练着重点都要结合该任务群而有所侧重，使学生从不同层面、不同深度和广度、不同能力要求得到训练，促成语文素养的全面提升。

（二）序列性

共同任务群的序列性，指共同任务群按照教材编排的先后顺序所呈现出的梯级分布与相互联系的特性。统编教材在内容编排上充分考虑了学生的认知特点和思维发展规律，将共同任务群按先后顺序分布在各册教材中。“新课标中的这 18 个学习任务群是一体化设计、科学而有序地安排于三类课程之中的”[5]，教材中的共同任务群设计也是如此。教师在教学时，应考虑共同任务群之间的联系和人文主题的层递性布局和结构化特点，关注学习任务间的逻辑序列关系，促进学生基于语文学习规律实现学科核心素养的层递性提升。

共同任务群的序列性包括单个任务群的教学目标、教学内容、教学任务等的序列性，它们之间是科学、系统、有序的，不是盲目、随意、凌乱的。共同任务群遵循教材的先后顺序，根据不同学段学生的知识结构、认知水平和能力层次，以及同类任务群在不同课程领域的编写目的，呈现出序列性和互补性的特点，共同构成一个学习系统。例如，“当代文化参与”任务群分布在必修上册第四单元，也穿插在选择性必修和选修中，构成共同任务群。必修上册第四单元的人文主题是“家乡文化生活”，要求学生记录家乡有特色的人和物，调查家乡的文化生活现状，并用自己的实际行动参与家乡的文化建设。也就是说，这一任务群在必修中的要求是从“家乡文化生活”的角度进行当代文化参与。在选择性必修和选修中，“当代文化参与”任务群的要求穿插在多个任务群中，如选择性必修上册第一单元“中国革命传统作品研习”任务群就穿插了当代文化参与的要求，是从革命文化的角度呈现的。又如，选修“中华传统文化专题研讨”任务群第六单元要求学生合作探究市井文化“对于当代的文化建设有哪些可以汲取的养分”，也穿插了当代文化参与的要求。这三个例子都涉及当代文化参与，但文体不同、内容不同，从家乡文化到革命文化再到市井文化的多方面展示，呈现出文化参与的多样性。三个任务群的教学重点不同，教师在教学中要注意它们之间的关联。

（三）差异性

共同任务群的差异性指同类任务群中的每一个具体任务群各具特色，在单元主题、篇目、选篇文体等方面存在差异。之所以称为共同任务群，是因为任务群名称和文章体裁的大类是相同的，只是每个单元各具特色。这些单元分别涵盖不同时代、不同体裁的篇目，每个单元的人文主题也各不相同。正是由于共同任务群内各单元的差异性，才使得共同任务群多姿多彩，呈现出丰富性、多样性。

例如，“跨媒介阅读与交流”这一共同任务群能够“引导学生学习跨媒介的信息获取、呈现与表达，观察、思考不同媒介语言文字运用的现象，梳理、探究其特点和规律，提高跨媒介分享与交流的能力”[2]。必修下册第四单元的人文主题是“信息时代的语文生活”，要求学生通过该单元的学习，能够认识、善用媒介，并能辨识媒介信息，注重的是跨媒介领域素养的提升。而在选择性必修和选修的学习中，可以借助在必修课程中的该任务群学习获得的素养，运用多种媒介进行语文表达与交流。这就显出了该任务群的差异性特点。

差异性决定了共同任务群的教学要突出具体任务群的个性。共同任务群中任务群的个性又体现出该类任务群的丰富性，可以帮助学生建构该类任务群的整体面貌，从不同侧面、不同层次提升学生的学科素养。在教学中，教师应根据每个具体任务群的特色、重点、呈现方式和深度广度施教，增强教学的针对性。

三、教学建议

新课标在“教学建议”中明确指出，教学时要特别注意加强三类课程之间的衔接与统整，“既要整体把握必修和选修课程的关系，更要注意不同课程专属任务群和共同任务群的衔接”[2]，并“关注共同任务群在必修、选择性必修、选修课程中学习重点、呈现方式和深度广度的差异”[2]。共同任务群涉及必修、选择性必修和选修三个课程领域，教师在教学时要着眼于该类型任务群在教材中的整体分布情况；同时，在教学设计、目标确立、任务设置中，还要关注共同任务群的序列性和差异性特点，避免教学上的简单重复。“整本书阅读与研讨”“当代文化参与”和“跨媒介阅读与交流”三个共同任务群，在选择性必修和选修中是穿插在其他任务群之中的，没有单独设置单元，这给教学和衔接增加了难度。在教学中，学习项目的设置在考虑单元主题的基础上，应着眼于共同任务群的整体性、序列性和层级性，既要考虑难易程度的循序渐进，又要兼顾知识建构、能力提升、思维发展和心智完善；既要关注某个阶段学生个体生命的发展，又要立足长远深入思考如何践行立德树人的终极育人目标。

（一）着眼于共同任务群整体

有研究者认为，学习任务群之间是相互渗透、融合、衔接延伸的，教师要“充分理解各个学习任务群的特点，恰当处理不同学习任务群之间的相互关系，从整体上把握必修课程和选修课程在学习目标、学习内容和能力要求等方面的衔接、统整”[6]。教师在教学时，应将不同课程领域中的共同任务群视为一个整体，教学设计和实施要充分体现出统整性。由于必修课程和选修课程的定位、功能各不相同，教学侧重点也应有所不同。在教学中落实共同任务群的目标，必修课程要关注的是该共同任务群的共同基础，而选修课程则应突出该共同任务群的差异性和层次性；在选择性必修课程中应注重学习“面”的广度，在选修课程中应注重学习“点”的深度。[2]

教师在教学中，要统筹共同任务群，将其视作一个整体设计方案开展教学。虽然共同任务群涉及的单元人文主题不同，单元选篇也各有差异，但它们可以从不同层面培养学生的学科核心素养，只不过各单元的学习目标、学习内容和能力要求等各有侧重而已。

（二）学习项目序列化

项目化学习是一种比较适合共同任务群教学的学习方式。在共同任务群的项目化学习中，教师要合理安排各任务群的学习目标、内容、任务、活动等，使其呈现出序列化和层次性。单个任务群的学习项目既要充分考虑本任务群的特殊性，还要注意各同类任务群学习项目的序列性。因此，教师在做教学设计时，要把共同任务群下的所有项目列好清单，合理安排，使学习项目的分布呈现出立体式结构，科学有序、相互关联，而不能互相割裂、简单重复。前面任务群中重点学习过的某项内容，到下一个任务群中就应该视情况做简单处理。

例如，“跨媒介阅读与交流”任务群的学习，要求学生在必修课程中对跨媒介的知识、特点有所了解并具备基本的运用跨媒介进行阅读与交流的能力，之后可以在选择性必修和选修课程的学习中运用跨媒介开展学习实践活动。如在选择性必修中册第四单元“外国作家作品研习”任务群的教学中，可以采用播放《玩偶之家》电影剪辑的形式让学生直观体验戏剧冲突，分析娜拉的情感，并围绕“娜拉到底该不该出走？”这一话题开展一场班级辩论，将辩论的图片和视频剪辑后在班级公众号上推送。这样，必修和选修课程中的任务各有侧重，形成了一个从掌握跨媒介的方法到具体运用于戏剧学习的序列，让所学内容形成一个有机联系的整体，从不同层面结构化地培养学生的能力。

（三）注重单个任务群的差异

新课标在“课程结构”部分指出，课程结构“整体设计，统筹安排，体现层次性与差异性”[2]。层次性和差异性同样是共同任务群所具有的特性。共同任务群中的单个任务群各有自己的特殊性，这是它们存在的本质特征。教师在关注共同任务群整体性的同时，更要关注单个任务群的差异性和特殊性。正因为差异的存在，才促成了共同任务群整体的丰富性、多样性。教师在教学中，要依据新课标的要求，以学科核心素养为旨归，组织好单个任务群的学习；同时，充分开展大单元教学，在共同任务群教学的情境设置、任务设计、活动组织等方面做足功夫。

例如，“语言积累、梳理与探究”任务群包括必修上册第八单元的“词语积累与词语解释”和选择性必修上册第四单元的“逻辑的力量”，这两个任务群呈现出序列性和差异性的特征。在教学时，应各有侧重，后一个任务群是对前一个任务群的升级，是学习的深化，“是从语言运用角度学习逻辑基本知识，落脚点主要在思维训练”[7]。教师应根据两个任务群的不同设计目的和课程定位，合理设置学习目标、学习情境、学习任务和学习活动，体现出教学的序列性、差异性和知识能力梯度，从不同层级提升学生的学科核心素养。

共同任务群是 18 个学习任务群的重要呈现形式，本文依据新课标的设计思想和统编教材的编写理念，对共同任务群的概念、特点做了初步分析并提出教学建议，希望能够引起广大语文教师对共同任务群的关注，积极研究共同任务群的特点及规律，从而更好地开展共同任务群教学。

参考文献：

[1]《语文建设》编辑部．语文学习任务群的“是”与“非”——北京师范大学王宁教授访谈[J]．语文建设，2019（1）：4-7.

[2] 中华人民共和国教育部．普通高中语文课程标准（2017 年版 2020 年修订）[S]．北京：人民教育出版社，2020.

[3] 黄厚江．预防任务群教学“跑偏”的策略性建议[J]．中学语文教学，2018（8）：16-19.

[4] 刘登珲，李凯．美国学校课程统整研究的进展与反思[J]．外国教育研究，2017，44（10）：73-85.

[5] 刘飞．高中语文“学习任务群”：布局、特点与实施路径[J]．基础教育课程，2019（Z1）：33-41.

[6] 徐鹏．语文学习任务群的反思性教学建议[J]．中学语文教学，2020（1）：4-8.

[7] 温儒敏．统编高中语文教材的特色与使用建议——在统编高中语文教材国家级培训班的讲话[J]．课程·教材·教法，2019，39（10）：4-9，18.

真情境、大任务统领单元整体教学

——以小学数学五年级下册“确定位置”单元设计为例

高方方[①]　付　丽[②]

单元整体教学是指把孤立零散的课时碎片联结成系统组织的课程单元，通过对单元中知识的精简、重组、整合，进行优质的教学，发展学生的核心素养。实现单元整体教学设计需要为学生创设真实的情境以及能够统领单元学习的“大任务”，让学生在真实的情境中通过完成一个个“子任务”感受数学学习的价值，形成数学素养。以下以北师大版小学数学五年级下册“确定位置”单元为例，与大家分享基于单元整体教学视角组织这一单元学习的实践体会。

一、大任务驱动学生自主探究

分析小学阶段“确定位置”这一教学内容的纵向学习路径，发现“确定位置”的要素是逐渐增加的，同时其精确程度也在不断提高。如表 1 所示，学生已经认识了前后、上下、左右、东南西北，会用一个方向确定位置；在去图书馆的路线图中，会用一个方向和距离确定物体的位置；会在方格纸上用数对确定位置，感受用两个方向和距离确定位置。可见，在学习这一单元前，学生已经有了大量的知识基础、经验基础和自主探究的经历。在这一单元的教学中，学生将进一步学习用一个方向（角度）和距离确定位置，以及点与点的相对位置关系，丰富对现实空间的认识，感受数学与生活实际的联系。

① 高方方，北京市海淀区中关村第三小学，数学教师。
② 付丽，北京市海淀区教师进修学校，小学数学教研员。

表 1　小学阶段“确定位置”的学习路径

要素	一个方向	一个方向和距离	两个方向和距离	一个方向（角度）和距离
内容	前后、上下、左右、东南西北	去图书馆	确定位置（数对）	确定位置（方向和距离）

北师大版教材中，这一单元安排了 2 课时。第 1 课时，根据方向（角度）和距离确定位置。教材给出了观测点、方向标，提示学生先确定物体的方向，再确定距离，并请学生迈着小碎步，体会如何用方向（角度）和距离确定位置，进而描述简单路线图。第 2 课时，要求学生能根据平面图确定图中任意两地的相对位置，需要学生自己选择观测点、建立方向标、度量方向（角度）和距离来确定任意两地的相对位置。为了进一步提升学生自主探究的能力，我们鼓励教师在教材基础上展开实践创新，用一个大任务统领，让大任务驱动学生自主探究。在大任务的引领下，学生要经历观察感知、尝试探索、描述表达的全过程。

那么，用什么大任务驱动学生自主探究呢？指向素养的学习必须是真实学习，真实学习必须要有真实情境与任务的介入，任务与情境是密不可分的，因此，选定一个合适的情境是前提。因为只有在真实情境下运用某种或者多种知识完成特定的任务，才能评估关键能力、必备品格与价值观念。[1]

二、真情境创造学生沉浸体验

有明显的真实世界应用，对学习者是有意义的[2]，它能够让学生有更多的沉浸体验，从而积极主动地投入学习。对比北师大版、人教版和苏教版小学数学教材可以发现，“确定位置”这一教学内容的设计都是放在真实的情境中让学生去完成的。如表 2 所示，北师大版教材设置的情境是确定景点的位置，人教版是确定台风的位置，苏教版是确定灯塔和海岛在海上的位置。

表 2　不同版本教材确定位置的情境

版本	北师大版	人教版	苏教版
情境	描述动物园场馆位置 描述回大本营路线	描述台风中心位置 根据描述表示台风位置 描述台风连续路线	描述灯塔位置 确定海岛位置

在实际教学中，我们选择了一则“船只风浪中遇险，救援船海上救援”的新闻作为情境，借助海上救援的情境，教师设计了“准确、快速确定遇险船在救援船的什么位置”的任务，明确了单元的学习路径，如图 1 所示。要描述救援船和遇险船的位置，首先要确定观测点、建立方向标，进而确定方向（角度）、确定距离，即需要量角度、算距离。掌握了这些方法，就能够确定未知救援船和遇险船两点的位置，最后对比体会两船的相对位置关系。在这一基础上，学生就能够描述简单的路线图，提升对现实空间的认识，在发展空间观念的同时也体会到“学好数学知识能救人”，感受数学学习的价值。

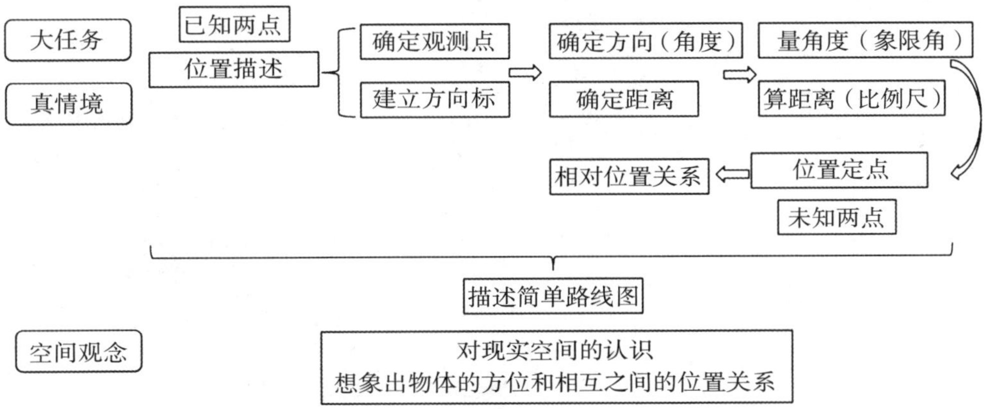

图 1　单元学习路径

为了确认学生现有的思维水平和知识储备是否与这一真情境和大任务相适应，教师首先对五年级的 40 名学生进行了前测。通过“确定遇险船在救援船的什么位置”的任务，了解学生对用方向（角度）和距离确定位置的理解情况。

前测题目：遇险船在救援船的什么位置？请用简洁、准确的数学语言告诉救援人员，以确保他们用最快、最正确的路线找到遇险船。

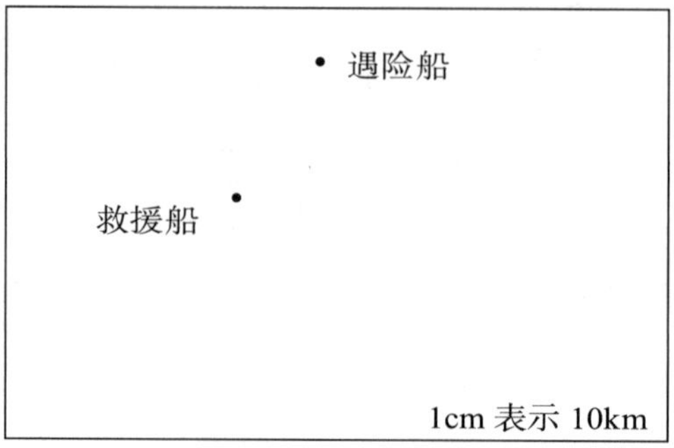

前测结果如表 3 所示。由结果可知，在这一前测中，22% 左右的学生缺少对角度和距离要素的认识；有一半多的学生意识到要用方向（角度）、距离来确定位置，有一定的基础，但其中 30% 的学生对于角度的理解不够准确。

表 3　前测结果数据

分类	人数	百分比	典型作品
方向	2	5%	遇险船在救援船的东北方向
一个方向和距离	7	17.5%	向东北方向行驶 40km，可快速找到遇险船
一个方向（角度）和距离	6	15%	在东北方向 60° 行驶 40km 可以快速找到遇险船
	5	12.5%	遇险船在救援船东北方向，离北大约 30°，离东大约 60°，距离救援船 40km 处
	4	10%	遇险船在救援船东偏北 30°，救援船距离遇险船 40km
	12	30%	遇险船在北偏东 30° 的方向，直线距离 40km
			遇险船在救援船东北方向，大约是北偏东 30°，距救援船 40km
钟点和距离	2	5%	12 点对准北，遇险船在 1 点钟方向，也就是向 1 点钟行驶 40km
未填写	2	5%	/

由此可见，基于海上救援这一真实情境的大任务能够让不同思维水平的学生展现不同层次的作品，而每一份作品都是丰富的学习资源。为充分利用

这些学习资源，教师需要在教学设计中精心设置学习任务来解读学生作品，引导学生认识到自己原有认知的不足及问题所在，进而理解确定位置的正确方法。真实情境贯穿单元学习的始终，在实际的教学中渗透德育，使学生充分感受到所学习的数学知识可以帮助他人、服务社会，在感悟数学与生活密切联系的同时，生发一种用数学服务社会的意识。

三、子任务发展学生空间观念

如图 2 所示，教师将学习内容、过程和价值融合为本单元的具体观念。由于深度探究是在问题引领下展开的，因此，在单元具体观念的指导下，教师确立了“确定位置”单元的关键问题。为达成预期的学习效果，更好地激发学生思考，教师围绕单元关键问题设计有意义的学习任务序列，并提供相应的资源和工具支持。[3]

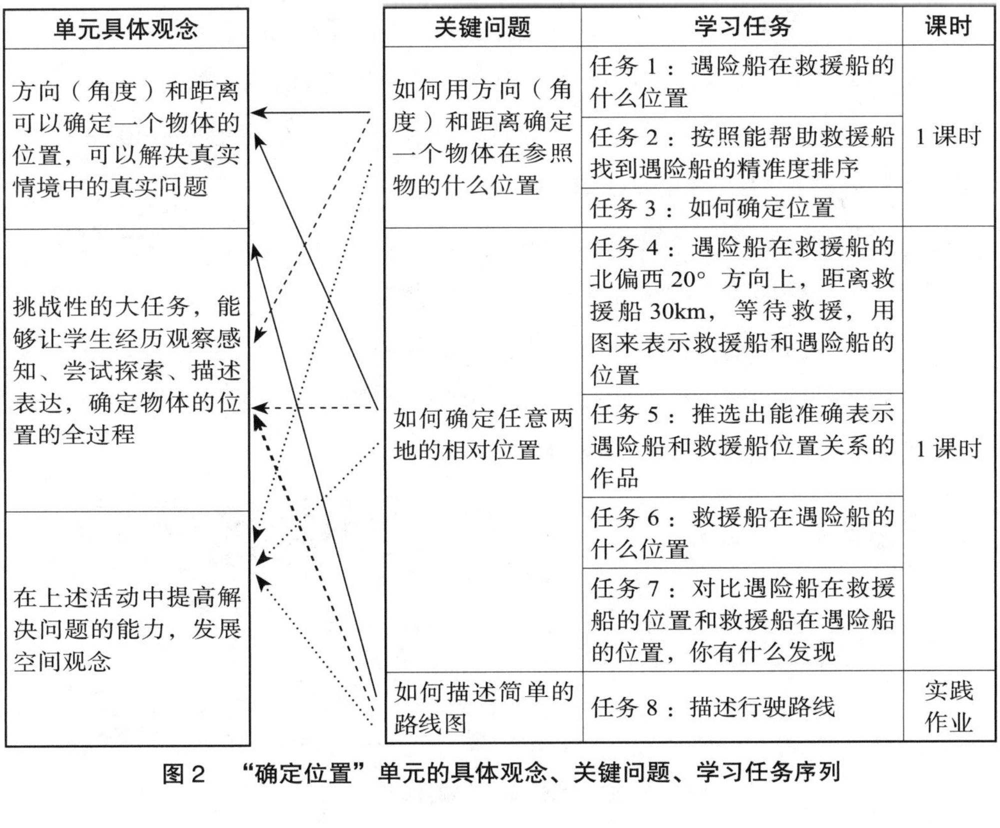

图 2　“确定位置”单元的具体观念、关键问题、学习任务序列

“确定位置”单元的8个学习任务序列分别为描述位置、排序描述、总结描述、位置定点、推选作品、相对位置、对比描述、描述路线。其中，高水平的学习任务——排序、推选、对比，能够让学生深入挖掘每一个作品背后的意义，调动学生的空间想象能力，建立方法间的联系，发现相对位置的规律。

（一）排序任务，调动空间想象能力

面对海上救援任务，学生可以在图中画一画、量一量，用简洁、准确的数学语言告诉救援人员遇险船在救援船的什么位置，以确保他们用最快、最正确的路线找到遇险船。在确定遇险船位置的过程中，学生通过思考，得到了不同的结果：①东北方向；②东北方向 40km；③东北方向 60° 40km；④东偏北 30° 40km；⑤北偏东 30° 40km。

为了寻找最佳的救援方法，教师设置了排序的学习任务，请学生将他们得到的结果按照位置的精准程度排序，并给出自己的理由。这就需要学生按照每种描述，想象出相对应的具体位置。按照找到遇险船的范围从大到小排序，如图3所示：①东北方向是右上的一个面；②东北方向 40km 是右上一条弧线段；③东北方向 60° 40km 是不确定的两个点；④东偏北 30° 40km 是错误的点，要改正为东偏北 60° 40km；⑤北偏东 30° 40km 是最正确的描述，能够准确找到正确的点。这个过程考验了学生的空间想象能力，学生想象出物体的方位，根据语言的描述感受到确定位置需要从面到线到点，不断缩小范围，不断提高精准度，最终准确定位。遇险船的精准位置描述可以帮助救援人员找到最快、最正确的救援路线，由此学生能够直观感受到数学在生活中不可或缺的作用，帮助学生感悟数学与生活的关系。

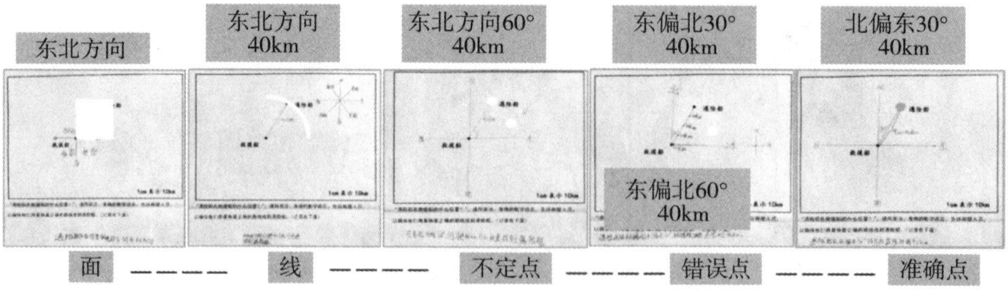

图3　遇险船位置描述的精准程度排序

（二）推选任务，建立方法间的联系

学生经历了选择观测点、建立方向、量角度、算距离的过程，用方向（角度）和距离来确定并描述两地的相对位置，如果反过来，还可以依据方向（角度）和距离的位置描述确定未知两地的位置关系。教师可以进一步设置学习任务：遇险船在救援船的北偏西 20° 方向，距离救援船 30km，正在等待救援，用图来表示遇险船和救援船的位置关系。在确定遇险船和救援船两点的过程中，学生绘制了不同的平面图，如图 4 所示。

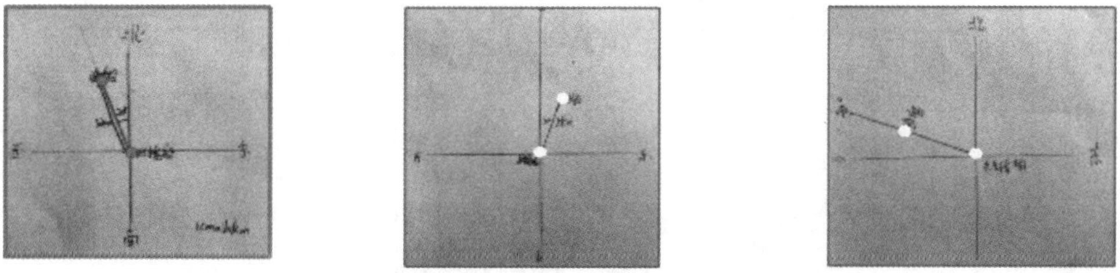

图 4　学生表示遇险船和救援船位置关系的作品

为了确认到底哪一幅平面图能准确表示遇险船和救援船的位置关系，教师设置了推选的学习任务，请学生推选出能准确表示遇险船和救援船位置关系的作品。要辨析不同平面图描绘的对错，需要按照每种位置关系描述出遇险船在救援船的什么位置，验证平面图是否正确。首先，两船距离 30km 这一点没有异议，但不同的平面图对方位的描绘是不同的，只有第 1 幅图的描绘是正确的，即北偏西 20°。那么，其他平面图的问题到底在哪儿？通过教师引导，学生发现，第 2 幅图描绘的是北偏东 20°，第 3 幅图描绘的是西偏北 20°，第 2 幅图和正确的图呈对称关系，由此得出：还有一种正确的描述应该是西偏北 70°。而北偏西 20° 和西偏北 70° 方向相反，角度和为 90°，揭示了同一位置可用相反方向描述的角度联系。排序和推选不是针对人，而是针对不同的想法，这两项任务让学生感受到每个人的想法都有其价值，从而在合作交流中渗透了德育。

（三）对比任务，发现相对位置规律

当学生分别理解了遇险船在救援船的什么位置和救援船在遇险船的什么位置后，将两个位置关系的图和语言描述进行对比就可以发现，这两组位置描述相当于站在两个位置互相看对方（图 5）。

遇险船在救援船的北偏西 20° 方向上，距离救援船 30km	VS	救援船在遇险船的南偏东 20° 方向上，距离救援船 30km
遇险船在救援船的西偏北 70° 方向上，距离救援船 30km		救援船在遇险船的东偏南 70° 方向上，距离救援船 30km

图 5　两船的相对位置关系图

根据图 5，学生会发现第一组描述北偏西 20° 30km 和南偏东 20° 30km，距离相同，角度相同，方向相对；第二组的西偏北 70° 30km 和东偏南 70° 30km 也同样是方向相对的。也就是说，两船的距离相同、角度相同，只有方向是相对的，即北对南、西对东。学生在对比感受相对位置关系的过程中，理解了互为观测点的两地相对位置关系的规律。

综上，“确定位置”单元的整体教学设计，不仅激发了学生学习数学的兴趣，还促进了学生的思维发展。教师设计“紧急救援”的学习活动，利用大任务驱动学生自主探究，体现了救援生命的紧迫性与数学精准简洁之间的有机融合，让学生在真情境中解决真问题，在发展学生空间思维能力、提升学生核心素养的同时渗透了德育，使学生充分感受到数学的社会价值。

参考文献：

［1］崔允漷 . 学科核心素养呼唤大单元教学设计［J］. 上海教育科研，2019（4）：1.

［2］格兰特·威金斯，杰伊·麦克泰格 . 追求理解的教学设计（第二版）［M］. 闫寒冰，宋雪莲，赖平，译 . 上海：华东师范大学出版社，2017.

［3］张丹，于国文 .“观念统领”的单元教学：促进学生的理解与迁移［J］. 课程·教材·教法，2020，40（5）：112-118.

第三节　问题解决式教学案例

指向高阶思维发展的“问题场”构建行动

赵国防[①]

一、当下课堂高阶思维训练中遇到的突出问题

高阶思维作为学习能力的核心，已成为高质量课堂的应然追求。然而，传统课堂却常常因知识“碎片化”、问题“扁平化”、活动“形式化”等现象，导致儿童始终处于低阶思维状态，教学效果不佳。具体表现如下。

（一）知识系统“一鳞半爪”

一些课堂过多地重视知识点的理解与应用，却忽视了知识点间横向和纵向的关联，让知识学习呈点状分布，缺少系统关联。学习缺少系统性与深刻性，高阶思维训练便无从谈起。

（二）探究活动“见好就收”

在一些课堂上，由于教师不能科学而全面地把握儿童的学习过程，在一些关键环节错失高阶思维训练之良机。尤其是在学生得到探究结果时，教师便匆忙收场，让学生原本可以更深入的思维突然“停机”，导致原本可以概括出的思想、方法与经验悄然湮没。

（三）核心问题“浮光掠影”

核心问题是高阶思维的缘起。然而在一些课堂中，由于教师对教材研读、学生研究的程度不深，导致核心问题设计浮于表面，问题缺少衔接点，思维缺少聚焦点，探究缺少生长点，核心问题“不核心”，思维训练自然难以

① 赵国防，江苏省无锡通德桥实验小学校长，高级教师，特级教师。

到位。

（四）教学设计“避重就轻”

问题、活动和评价作为课堂教学的“三块基石”，分别指向课堂学习“做什么”“怎么做”“怎样做好”。然而，在进行教学设计时，教师一般会把注意力放在“做什么”上，而忽视“怎么做”与“怎样做好”，导致一些可以引发高阶思维的机会悄然流失。

出现上述种种问题，主要是源于教师对问题设计和高阶思维能力的研究不深入，对课堂教学的价值走向和具体策略理解不透彻，对利用“问题场”这一有力抓手推动儿童高阶思维能力发展的有效方式认识不到位。因此，聚焦学科教学，挖掘问题本质，构建问题场域，促进儿童成长，推动课堂转型，已成为当下教育高质量发展的应然追求。

二、指向高阶思维发展的“问题场”构建行动

高阶思维能力发展是在学生最近发展区内，着眼策略培养，立足感知基础，超越感知边界，探索与发现事物内部本质联系和规律，培养创造性思维的教学活动，它是儿童认知能力之核心。高阶思维是一种发生在较高认知水平层次上的心智活动和认知能力，其实质是思维者能够独立、深入而系统地克服固有思维模式，对当下问题进行创造性分析及综合性评价的过程，从而顺利实现对问题的科学求解和周密决策。根据布鲁姆教育目标分类学中较高的三类目标层级，高阶思维即分析、综合、评价。明晰高阶思维的层次、内涵与核心要素可以帮助学生实现从浅层的知识表征深入到问题内部的逻辑思考，实现从低阶思维能力的运用到创造性思维、批判性思维及问题解决等高阶思维能力的发展。

指向高阶思维发展的“问题场”构建行动，以“支持学生高阶思维能力发展”为最终目标，以学生已有的知识和经验为基础，以能唤醒和激发学生探索精神和创造欲望的问题为情境，全面培养学生的高阶思维和关键能力。

（一）把握“问题场”对高阶思维发展的重要意义

“问题场”指在课堂教学中，教师以核心问题为导向，通过任务驱动、活

动参与促进学生形成分析、综合、评价能力，师生协同发展、相互作用时产生的场域。“问题场”中的问题背景和思维环境能唤醒和激发儿童的探索精神与学习欲望。由“问题背景和思维环境”所引发的问题，不仅有点状的和直指内容本质的“核心问题”，也有能支撑“核心问题”落地的“问题串”“问题链”和“问题束”。教师应在课堂教学中创设开放的“问题场”，通过探究性、发展性、实践性学习活动，引领儿童在“问题场”中自主建构、系统理解、全面发展，提升分析、评价与创造能力。具体如图 1 所示。

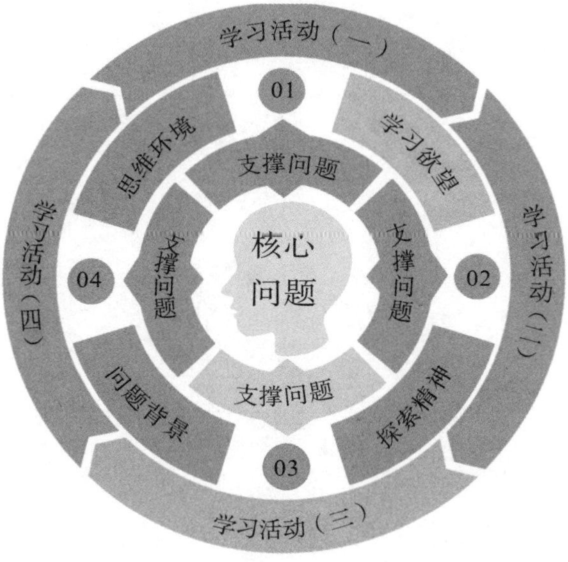

图 1　“问题场”的建构

为此，教师要着力构建一种宽松和谐、任务明确、资源丰富、富有挑战性的学习环境，引导学生在“问题场”中主动探寻、不断发现、相互交流，在解决高阶问题的过程中发展高阶思维能力。学校要带动教师积极投入课堂教学研究与实践中，提升教师自身专业发展内驱力，在基于小学生高阶思维能力发展“问题场”的教学设计、组织与评价过程中，增强研究意识，积聚研究力量，积淀研究文化，形成全新的教学研究新生态，为学校高质量发展助力。

（二）搭建促进“问题场”形成的课堂支架

以“支持学生高阶思维能力发展”为核心追求，教师需综合考虑学科教学目标、学校育人目标，立足儿童视角，聚焦学科本质，构建立体化问题场域。要从学习活动设计、课堂学习推进、学习效果评价三个视角，围绕高阶思维能力发展这一核心，以“创境启思—自探静思—合作辨思—选择解思—评价反思—迁移拓思”这六大要素为主线，探寻支持学生高阶思维能力发展的有效策略和具体支撑系统，并通过六大要素构建“问题场”形成基本课堂结构，为问题场域的形成提供基本支架（图 2）。

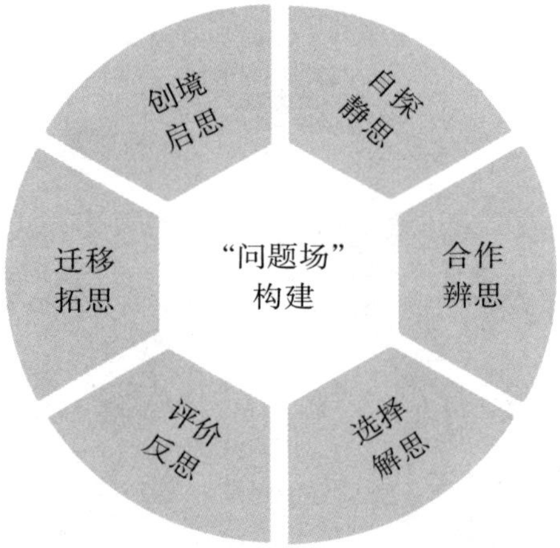

图 2　构建“问题场”的六大要素

1. 创境启思

教师要营造一种和谐的学习氛围，鼓励学生发现问题、明确学习目标，产生解决问题的兴趣和动机。

2. 自探静思

学生自主探究，静心思考，尝试独立解决问题。

3. 合作辨思

教师组织学生小组内部讨论、探究，进一步明确小组成员需要解决的问题以及小组合作的目标，引导学生清晰地表达需要解决的问题，为学生进行正确规范的表达提供相应帮助。

4. 选择解思

教师要根据教学目标，选择合适的问题进行研讨、解决，帮助学生采用各种方法和技能，从多个角度确定解决问题的步骤。小组内部通力合作，分工明确，按照有效的计划完成学习任务。

5. 评价反思

教师鼓励学生运用多种形式呈现问题解决的过程或成果，运用各种评价方式对学生的学习过程和学习结果做出多元评价；注意调控学生的积极性，及时引导鼓励，让学生在学习过程中得到全面锻炼。

6. 迁移拓思

学生结合师生间的评价，在对整个学习过程和学习结果进行总结和反思的基础上，尝试将所学知识和方法运用到新的学习中去。

上述要素既相对独立又相互关联，共同构成了“问题场”的重要内容，它们既可以作为基于“问题场”的教学流程，又可以作为“问题场”构成的教学要素，相互融合，相互促进。

（三）探索促进“问题场”增值的强化策略

1.“问题场”情境创设策略

教师根据学生身心发展的特点，创建具有学习背景、景象和学习活动条件的学习环境，让画面、生活、情感和文字交织在一起，点燃、激活学生的思维，激发学生质疑、实践、创造的欲望，助推学生的学习力提升。[1]

2.“问题场”酝酿生成策略

教师在课堂教学中要充分了解、预估学生的认知水平，合理预设问题；精心研究教材，恰当呈现问题；交流探讨研究，适量生成问题；评价反思质疑，适度深化问题。通过这些策略，促进学生更全面地思考、更深入地研究、更准确地表达，逐步发展学生的高阶思维能力。

3. 学生活动方式选择策略

教师针对不同教学内容，研究学生学习活动中的思维历程，在满足最近发展区的条件下，帮助学生学会根据需要界定问题，尤其关注长解答距和新解答距，选择有益于形成解决方案的信息和技能，综合性、创造性地解决问题，形成综合思维力甚至是批判性思考力，让不可见的思维发展在问题引领下获得显现、提升。

4. 学习活动结果反馈策略

教师要鼓励学生运用多种形式呈现问题解决的过程或成果，同时运用交互反馈与嵌入评价对学生的学习过程和学习结果做出评价，通过评价目标设计、内容设计、过程设计和评价设计来衡量学生高阶思维能力的发展，并及时引导鼓励，让学生在学习过程中得到全面的锻炼。

（四）打造促进“问题场”生长的基本模型

立足课堂实效，关注课堂生成，聚焦模型建构，深入挖掘“问题场”构建与实施进程中生发的新资源与新发现，为深入实践提供基本模型。

1. 课程式“问题场”

来源于课程学习、具有一定意义的问题（或话题）自然是学生感兴趣且容易成为学生研究的论题。但学生通常会因缺乏必要的知识、技能而难以解决这类问题，教师可以让学生先发表自己的观点，展示自己独到的视角和见解。这样，一些观点会引起很多学生的兴趣，从而产生争论，学生能从争论与辩驳中厘清观点，在捍卫与驳斥中修正观点，从而产生有意义的论题，由此，课程式“问题场”自然形成。在这样的“问题场”中，学生敢想、敢问、敢说，主动发现问题、提出问题，运用已有的知识和经验解决问题，利用知识迁移进入新领域、掌握新内容。这样，学生便以解决自然、社会和生活中较为简单的实际问题为背景，形成了“创新探究型”的项目。

2. 辐射式“问题场”

教师作为学生学习的促进者、组织者和指导者，应在学科建设中为学生创设寻找选题的辐射式“问题场”，即以某一学科知识点为中心，引导学生从不同角度去了解与学科知识密切联系的实际问题。辐射式“问题场”使问题背景富有变化，让学生在变化中发现规律、体会方法、深化理解，真正提高分析问题和解决问题的能力。这样，教师从学科教学中提供必需的背景条件，形成了“知识探究型”项目，极大地促进了辐射式“问题场”的发生与发展，更促进了儿童思维向纵深发展。

课程式“问题场”，引发纵向深究，直逼本质；辐射式“问题场”，引发横向关联，系统架构。两者各具特色、互为补充、相互交融，共同架构了立体化问题场域，为高阶思维能力的培养提供了无限空间。

（五）提炼促进“问题场”形成的教学样态

指向高阶思维的培养，关注课堂样态建设，让“问题场”构建有行动指引、实践轨迹、辐射价值。

1. 教学结构探索

以“支持学生高阶思维能力发展”为核心追求，通过六大要素，实现“问题场”背景下的“六有”课堂（图 3）。

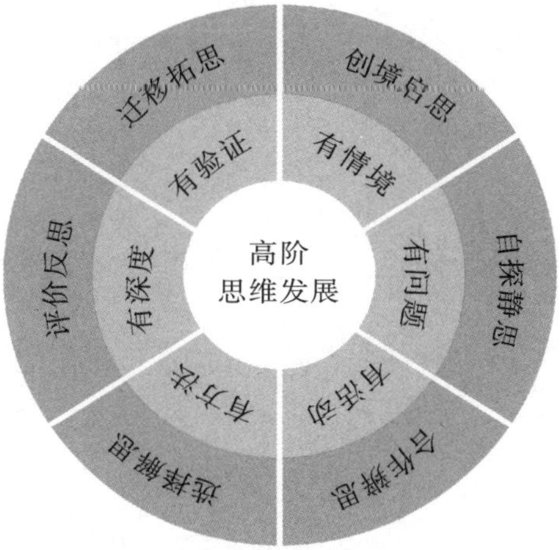

图 3　“问题场”背景下的“六有”课堂

所谓“六有”，即有情境、有问题、有活动、有方法、有深度、有验证。具体而言，“有情境”强调思维需要在一定的环境中进行，引导教师创设思维情境，引领学生在情境中有效思考，生成思维；“有问题”强调要设计好“问题束”，它需要有充分的思维含量，要能激发学生思考，让学生沿着问题去解决；“有活动”“有方法”强调思维策略的引导以及对思维活动的要求；“有深度”“有验证”强调师生对思维活动的目标达成情况进行监控、验证，形成有效的评价反馈。如此形成的教学结构，搭建了课堂师生交流、交锋、交融的平台。

2. 评价导引课堂

评价不应是学习的终结，而应是改进学习方法、提高学习能力的载体和新起点。交互反馈与嵌入评价应融合贯穿在整个教学过程中。如笔者所在学校设有“学导课堂”“四导四有”的评价系统，即“弹性设导，让学有空间；问题引导，让学有深度；精准指导，让学有效度；评价延导，让学有广度”。指导学生完成自我评价、自我反馈，有助于改变学生被评价的地位，从内涵走向外显，“以评价引领学习”，助力学生思维能力发展。

参考文献：

［1］朱宁宁．“素养表现型”小学语文课堂的教学设计和策略研究［J］．小学语文教学，2020（3）：11-14.

促进深度学习的问题群设计策略

顾晓东 ①

学习通常是与问题相伴的，问题是思维的启动器和方向标，也是教学过程展开的主要凭借。教学中需要通过一个个有层次、结构化、可扩展、能持续的问题或问题系列，把学生的思维引向深入。[1]也就是说，有深度的学习的展开需要有好问题的引领。以小学数学为例，在小学数学深度学习的过程中，学生通过开展高阶思维活动，获得数学核心知识，把握数学的本质和思想方法。要实现深度学习，教学设计的重点在精心设计问题任务，引发认知冲突，组织探究学习活动，并关注持续性评价。其中关键是问题任务设计。但从当前一些课堂的现状来看，在学习问题设计上尚存在着一些不足之处，如一问一答的低效化问题、浮于表面的浅层化问题、缺乏聚焦的散点化问题等，集中反映了教学中“体验欠深切、感悟欠深刻、理解欠深透、思维欠深入”等现象，制约着学生深度学习的展开。

在当前素养本位、关键能力导向的课程教学观指引下，我们开展了指向深度学习的问题群教学尝试。所谓问题群，就是针对一堂课的教学主题和内容，围绕核心目标和任务，从不同角度设计若干问题，从而形成的具有内在关联、逻辑性较强的系列问题组群。简而言之，就是以主问题为核心、子问题为支架的结构化问题组合。教学中的问题群具有统领性、层次性和挑战性等基本特征，其价值主要在于实现主体深度参与的情感驱动，追求深度思考的思维进阶，提升学生问题解决等关键能力。本文结合小学数学教学实践，就问题群设计的指向、原则和基本形态做阐述。

① 顾晓东，江苏省无锡市滨湖区教育研究发展中心副主任，正高级教师。

一、促进深度学习的问题群设计指向

深度学习旨在促进学生自主建构知识，发展问题解决能力，培育以主动性、创造性为主要特征的优秀学习品质。问题群设计应将促进学生深度学习的展开作为首要任务，需努力让问题群所指向的学习目标、学材内涵和学习活动等都彰显深度学习的要义。

（一）指向高阶化的学习目标

作为推进学生深度学习的重要启动器，问题群必须指引学生向着高阶化的学习目标迈进，让学生在具有逻辑关联的问题群组解决过程中，充分地展开基于深度理解的分析、综合、评价与创造等高阶思维活动，促进学生知识技能、思想方法的形成，提升问题解决能力。例如，在“圆的认识”教学中，教师设计系列问题：（1）小明和小军家距离学校都是1千米，如果用☆表示学校的位置，小明、小军家的位置可能在哪儿？（2）小明和小军家的位置距离最远是多少？最近呢？两家的距离有多少种可能？（3）为什么我们可以用圆规画圆？要在操场上画一个大圆该怎么画呢？

上述以学生具体生活实际为背景的情境性问题构成了整堂课的问题群，从认知圆的特征、把握圆各部分之间的关系、掌握画圆技能及其理解画圆本质等方面，紧紧围绕“圆的特征认识”这个核心任务展开，使教学过程不再局限于知识的浅层次传授，而是通过问题群更多地让学生经历数学概念产生、形成的过程，在主动而有深度的探究活动中进行分析判断、反思归纳和创新应用，更多地让学生在数学本质的启迪、数学思想的感悟、数学方法的实践上得到有益的引领。

（二）指向本原化的学材内涵

学科的本原性问题聚焦某个学科学习材料或主题的基本要素和构成，集中地体现某个学科知识内容所蕴含的最为原始、朴素、本质的观念、思想和方法。[2] 如数学深度学习的要义之一，就是要让学生通过高阶学习活动来深度理解数学知识，这种深度理解就是要让学生真正触及数学知识的本原性。教师设计课堂问题群时需要指向本原化的学材内涵，重点关注学生当下的迷思概念，在学生的迷惑处和思维的节点处设问、置疑。

如“小数的初步认识”一课，主要是让学生初步认识和把握零点几的小数和十分之几的分数之间的特殊关联，从而初步建立起一位小数的概念。为此，教师可以学生比较熟悉的人民币单位元和角为例引入新知学习，围绕核心任务设计相关联的问题群，帮助学生把握知识本原。教师从超市购物情境出发，引导学生根据日常生活经验，确认物品价格中的0.1元就是1角。这是学生对小数的一种日常认识，他们根据生活经验能够做出判断，但是对其中隐含的数学本原性内涵还处于模糊状态，属于迷思概念阶段。于是，教师提出“1角怎么会是0.1元？”这个核心问题来引导学生展开探究。这是一个具有思维含量的问题，教师又设计了如下子问题引领学生主动探究：1角和1元有什么关系？将1角改写成以元做单位的分数是多少元？$\frac{1}{10}$元和0.1元有什么关系？通过三个子问题由浅入深地引领学生逐步走向并解决核心问题，理解一位小数和十分之几之间的特殊关系，理解1角就是$\frac{1}{10}$元，而1角也是0.1元，因此$\frac{1}{10}$元就是0.1元，从而使原本的迷思概念变得清晰起来。

教师在设计问题群时应充分关注学习材料的本原性东西，在深度解读和理解教材的基础上，将其合理转化为学生的学材，以恰当的问题群指引学生的深度学习。

（三）指向序列化的教学活动

如果说问题群的本原化指向体现了学习的深刻性、指向了“教什么”“学什么”的话，那么问题群还应体现序列化，以此体现学习的条理性和活动性，指向“怎么教”“怎么学”，即以序列化的教学活动来“教”。因为深刻的本原化内涵必须通过具体可感、层次分明、生动活泼的教与学活动来加以学习、体悟和内化。例如，在教学“长方形面积计算”时，围绕“用单位面积的小正方形来铺测长方形面积”这个核心活动，教师有层次地设计了这样几个子活动：①用小正方形铺满长方形得出面积；②不满铺（如只铺满一条长边和一条宽边，或只铺满一条长边等），测出长方形面积；③不用小正方形铺，只看着长宽数值得出长方形面积。学生在问题群的引领下，有序展开数学实践活动，在活动中逐步体验和简化铺测方法，进而提炼、归纳长方形面积的计算方法，从中发展了测量意识和有序思考能力。

二、促进深度学习的问题群设计原则

问题群作为促进深度学习的有效策略，其设计应紧扣深度学习在认知、情态和人际等维度上的基本要求，努力体现问题群的驱动性、导向性和开放性原则。

（一）根植情境，体现驱动性

深度学习区别于浅层学习的主要表现在于让学生面对生活化的现实问题，在探究性活动中独立分析、做出决策、解决问题，在此过程中学生能获取学科知识并迁移应用，因而问题群必须根植于有针对性的、形式多样的真实性任务情境，让学生代入其中，以真正的问题研究者身份来发现问题、提出问题，驱动深度学习。例如，在“三角形三边关系”的教学中，教师设计了让学生自由选取小棒围搭三角形的任务情境，在汇报中发现有的学生选取的三根小棒并不能围成三角形，于是就自然地生成了本课所要探究的核心问题“三角形的三条边有怎样的关系”，这个问题驱动着学生展开深入探究。

（二）支架引领，体现导向性

研究表明，教师通过恰当的教学干预，提供合适的问题支架，对发展学生的高阶思维能力具有不可或缺的作用。设计问题群的本质其实就是为了给学生提供一个带有适当思维空间和难度的、能引起学生探究兴趣的学习支架，让学生能够把握探究方向，层层递进、深入思考，不断逼近知识技能和学科思想的本质内核。仍以“三角形三边关系”教学为例，学生在任务情境中初步感知到，给定的三条线段能否围成一个三角形，与线段的长度有关，于是教师设计了如下子问题引导学生开展探究：将各种围法分成“不能围成”和“能围成”两类。①为什么围不成三角形？你会用一个数学式子来表示其中三条边的关系吗？②对比这两组数学式子，你有什么发现？③什么样的三条边一定能围成三角形？三个连续性子问题紧紧围绕核心问题，逐层深入，为学生提供了思维的方向，引领了学生的探究之旅。

（三）关注生成，体现开放性

精心预设和有机生成是问题群设计时要把握的一个重要原则，即要给问题群提供必要的留白空间，让学生能够在教师预设问题的基础上，在自主探究、合作交流的过程中主动地生成有价值的问题。还是以上述“三角形三边关系”教学为例，在教师精心设计的问题群探究中，有学生提出疑问：他选取的三根小棒，其中两根短的长度之和与最长小棒长度相等，也勉强围成了三角形，这是为什么？这是一个有价值的生成性问题，尽管两根短的小棒长度和与最长小棒长度相等，但是现实生活中的小棒都有一定的粗细度，有的的确是可以勉强围成三角形的，这为数学探究的深入开展提供了思考与讨论的空间。教师应该充分利用这一契机，引导学生进一步认识几何图形的抽象性，通过课件演示等手段，让学生直观地看到“围不成”这一数学事实，使学生进一步理解几何中“点无大小、线无粗细”的本质特征，进而更好地理解三角形三边的关系。总之，在设计问题群时应处理好预设与生成之间的关系，不断提升学生自觉提出问题的意识与能力。此外，还可以通过问题引导学生将探究活动延伸至课后，更好地体现教学的开放性。

三、促进深度学习的问题群设计范式

课堂问题群设计要关注问题之间的主次、关联及坡度，重在帮助学生更有效地经历探究活动过程，在问题解决中定位目标方向、探寻策略假设、展开反思建构，从而促进学生高阶思维能力的发展，实现深度学习。设计和落实问题群，教师不仅应关注教材，抓住教与学的重点内容，提出“核心主问题”，还应关注学生，以学定教，确定支持学生进阶思维的结构化子问题组合。问题群中核心主问题与支架子问题之间的逻辑关系，可以分为串联递进式、多维并列式、串并混合式等问题群结构范式，教师可以针对不同的学习内容或不同的教学环节，灵活运用不同结构范式的问题群。

（一）串联递进式问题群

串联递进式问题群中的问题呈现出串联形态，各个子问题之间呈逐步递进的纵向深入关系，使学生在多个子问题的分步探究中逐渐逼近核心主问题，最终形成对学习内容的完整理解与建构。

例如，在“三角形的认识”一课的教学中，教师围绕“什么样的图形叫三角形”这个核心问题，设计了一个纵向串联式的问题群：①（给学生出示各种平面图形）这些平面图形哪些是三角形，哪些不是？②这些三角形有哪些共同的特征？③说说怎样的图形叫三角形？这个问题群包含了三个问题，其中，第一个问题是引导学生根据已有经验从众多图形中分辨出三角形，并说说其他图形不是三角形的理由，旨在激活学生的旧知，再现三角形的图形表象。第二个问题着重引导学生通过同类图形的比较，抽象归纳三角形的边、角、顶点等组成要素的基本特征，为提炼三角形的概念做好铺垫。第三个问题是这个问题群的核心问题，旨在引导学生在前两个问题的基础上归纳、提炼三角形的概念。问题群中的三个问题由表及里、逐步深入，在问题探究与解决过程中体现了学生分析归纳、反思批判等高阶思维进程，帮助学生有效建构了三角形的概念。

在核心问题具有较高的思维要求和抽象性、学生不能轻易解决的情况下，教师可以设计串联递进式问题群，帮助学生把握探索方向，为学生的自主探究活动提供适度的支架，使其能够在一些子问题的探究中逐步地“逼近”核心问题的内在本质，从而推动学生思维向深处迈进，直至顺利解决核心问题，形成新的认知结构。需要指出的是，用子问题来引领学生研究的方向，并不等于把核心问题肢解成一连串细小的问题，用“碎步子”挤压掉学生探究活动的深度思考空间。

（二）多维并列式问题群

多维并列式问题群中的问题由核心主问题出发，分解为若干个并列维度，分别指向解决主问题的某一侧面，在子问题的逐个解决中实现对核心问题的深度理解，形成全面的结构化认知。[3] 例如，“长方形周长与面积的关系”一课，核心任务是探索和发现长方形周长与面积变化的规律，要解决的核心问题是长方形的周长（或面积）一定时，它的面积（或周长）有什么变化规律。围绕这个核心问题，教师设置了两个维度的子问题群，引导学生逐一操作探究解决。首先，研究“面积相等的长方形，周长有何变化规律”这一问题，设计问题①：你能自己列举一些面积相等的长方形吗？问题②：比较这些长方形的周长，周长相等吗？有什么变化规律？其次，研究“周长相等的长方形，面积有何变化规律”这一问题，设计了与上述研究类似的几个子问题。学生围绕两大子问题群展开自主探究，从两个不同的维度来探索和把握长方形周长和面积的一些变化规律，整个探究学习活动呈现出清晰的层次，学生的思维活动有分有合，逐步走向深处。

（三）串并混合式问题群

需要指出的是，针对不同教学内容的特点，上面所述问题群的两种设计范式并不是孤立使用的，有时也可以灵活地将两种基本范式结合起来使用。例如，在“分数与除法的关系”教学中，教师一开始即针对课题提出本堂课所要解决的几个主要问题，形成问题群：分数与除法的关系是怎样的？为什么会有这样的关系？学习了这种关系有什么用？这些问题紧扣“理解和掌握分数与除法的关系”这一核心目标，分别指向“是什么”“为什么”“有什么用”这三个不同的思考维度，揭示了三大探究任务，成为本课核心任务目标下的三个基本子问题，架构起了一个横向并列状的问题群。教师结合这些重要问题设置了若干阶梯形子问题串，帮助学生逐个思考并解决三大问题，完整而深刻地把握分数与除法的关系。在设计这个问题群时，先是设置了多维并列的三大主要问题，然后针对每个大问题又灵活设置了相应的串联式阶梯问题，这样便使学生的数学思考既有明确的大方向，又能顺着子问题串拾级而上，从而进行有效的探究并建构新知。

总之，在深度学习的课堂上，教师的主要任务在于“导思”，即“导”学生的“思”。要实现这一任务，至关重要的一点就是要精心设计问题乃至问题群，通过高质量的问题来激发学生思维的主动性，激活其创造性，使学生的思维向更深处漫溯。

参考文献：

[1] 储冬生．问题驱动式教学：从理念走向行动［J］．小学教学研究，2018（34）：4-8.

[2] 宁俊玲．基于深度学习探讨小学数学问题教学［J］．新课程研究，2019（1）：55-57.

[3] 王文英．以核心问题统领教学［J］．小学数学教师，2015（5）：17-22.

小学科学课堂研讨问题的设计及教学策略

盖　玲[①]

研讨活动是学生在科学探究结束后运用所收集的事实信息，围绕关键问题，与同伴一起讨论、论证和梳理，逐渐从形成个人观点走向达成集体共识的过程，是小学科学探究学习中的一个重要环节。在研讨活动中，教师精心设计的关键问题可以引领学生开展有效的研讨交流，帮助学生深刻理解科学的本质内涵，促进学生思维的发展，对培育学生的科学素养有着重要作用。那么，研讨活动中的关键问题应该怎样设计并有效实施呢？

一、小学科学研讨活动关键问题的设计

（一）指向科学概念核心内涵的理解

小学生科学学习的主要任务是在观察、实验、讨论等探究活动中，自主获取、记录相关的现象，不断积累与科学概念联系紧密的知识经验，围绕建构科学概念的关键问题进行研讨、反思，形成对科学概念的新认识，逐渐理解科学概念的本质内涵，并能运用科学词汇进行初步的解释。小学阶段的科学概念大多是描述性的，学生还不能全面、完整地针对概念进行表达与交流，这就需要教师精心设计指向科学概念本质的关键问题，引导学生围绕关键问题并结合自己的探究发现进行研讨，通过小组成员间的沟通与互动，阐述自己的观点、倾听他人的意见，逐渐形成自己的理解。

例如，教学教科版一年级“植物是‘活’的吗”一课时，很多学生对理解“植物是有生命的”这一核心概念感到困难。课堂上，在学生观察自己种植的蒜苗并展示观察记录后，教师出示学生研讨活动的关键问题：“从哪些方面可以说明植物是‘活’的？塑料花是‘活’的吗？”

① 盖玲，江苏省徐州市铜山区大彭实验小学，中小学高级教师。

教师通过指导，帮助学生梳理思路，使其理解植物是“活”的这一科学概念的核心内涵。下面是学生研讨后交流的片段：

生1：动物会由小慢慢长大，植物也会一点点长大。

生2：蒜苗的叶子长大了，说明植物是“活”的。

生3：蒜苗在长大的过程中，需要喝水，还需要晒太阳，这些能说明植物是“活”的。

生4：塑料花不会长大，所以它不是“活”的。

生5：塑料花不会长高，也不需要水和阳光，我认为塑料花不是“活”的。

只有通过研讨与交流，学生的思维才能发生碰撞。在研讨交流中，学生的思维越来越清晰，对科学概念的理解逐渐深刻，从而理解了“植物是有生命的”这一核心概念。

（二）指向解决问题方法的提炼

学生的观察或实验记录的信息可能是无序的，不利于分析比较、提炼解决问题的方法。教师要指导学生整理这些信息，帮助学生把无序的记录变得有序，使其获取有效的证据，发现解决问题的最佳方法。教师根据整理的科学记录设计关键问题，组织学生进行研讨交流，不断深化学生对科学知识的理解，使其获得解决问题的科学方法。

例如，教学教科版四年级“运动与摩擦力”一课时，教师指导学生用不同的方式模拟搬运重物（纸盒），并记录所用拉力的大小（垫圈的个数），在此基础上，教师把学生的实验数据汇总如表1所示。

表1　模拟搬运重物实验数据

搬运重物（纸盒）的方式	拉力的大小（垫圈的个数）			
	第1次	第2次	第3次	平均值（取整数）
直接滑动	32	33	32	32
使用“滚木”	4	5	4	4
使用轮子	1	2	1	1

根据记录的数据，教师设计研讨的关键问题："我们搬运重物时，用什么方式比较省力？这种方式有什么好处？"学生围绕关键问题进行研讨交流，通过比较搬运重物的方式和所用拉力大小的数据，很容易发现使用轮子搬运重物的方法不仅省力，还很方便。

（三）指向科学规律的总结与概括

在科学课上，学生根据问题情境，提出需要研究的问题；根据实验设计的方案开展探究活动，并把探究中获取的信息记录下来，作为整理、分析、发现并概括科学规律的重要证据。教师在学生探究活动的基础上，设计关键问题，引导学生开展研讨交流。学生可以通过分析比较，发现具有事实依据的科学规律，形成集体共识。

例如，在利用杠杆尺和钩码探究"制造平衡"时，学生通过探究获取杠杆平衡的实验数据如表 2 所示。

表 2　杠杆平衡的实验数据

左边		右边	
格数	钩码数	格数	钩码数
1	2	1	2
1	2	2	1
3	2	3	2
3	2	2	3
3	2	6	1

根据学生获取的实验数据，教师适时提出研讨的关键问题："怎样做，我们才能快速找到杠杆尺平衡的方法？杠杆尺平衡的规律是怎样的？"学生通过研讨交流，很容易发现杠杆尺平衡的规律：左边钩码数 × 格数 = 右边钩码数 × 格数。在与同伴的研讨交流中，学生用数学思维解决问题的能力得到了培养。

（四）指向科学知识、技能的迁移运用

小学生在科学学习中不仅要获得基础的科学知识、掌握必要的科学技能，还应把所学的科学知识和掌握的技能迁移运用到新的问题情境中，并主动寻求新问题的解决策略。在学生探究活动结束后，教师鼓励学生围绕有关学习主题的关键问题进行研讨交流，将极大地激发学生的求知欲和想象力。例如，教学“声音的高与低”一课时，学生在探究铝片琴、口琴、钢尺等器材的振动与声音高低之间的关系时，发现物体发出声音的高低与物体的长短有关，因为物体的长短影响物体振动的快慢。教师没有满足于仅仅让学生知晓这一科学知识，而是出示了长短相同、粗细不同的钢管，并给出了研讨的关键问题：“请同学们观察，推测它们发出的声音高低会怎样变化，并交流自己推测的理由。”通过小组研讨交流，学生的推测如下：用相同的力敲击长短相同、粗细不同的钢管，钢管发出声音的高低不同。从上面的研讨结果可以发现，学生把已获得的科学知识、技能顺利迁移到了新的问题情境中，激发了进一步探究的欲望，主动运用学到的探究方法去研究新的问题。

（五）指向运用证据进行解释

学生通过观察、实验、测量等方法收集的有效信息是其对科学现象或问题进行分析、概括、得出结论和解释的重要证据。教师巧妙地设计研讨的关键问题，指导学生开展研讨交流活动，引导学生联系已有的知识经验，形成新的理解与认识，对科学现象或问题做出合理的解释，逐渐把这些新的认识与理解纳入原有的知识结构中。教师引导学生对收集到的证据进行梳理、加工，使其积极地选择有效的证据与同伴交流，运用有用的证据解释一些现象或问题，有利于培养学生的科学思维和综合素养。

例如，教学“声音是怎样传播的”一课时，学生认识到，物体振动时也会引起其周围物质的振动，并通过这些物质把声音从一个地方传播到另一个地方。教师为了使学生对“声音是怎样传播的”这一科学概念理解得更深刻，设计了关键问题：“航天员在太空中工作时，需要借助电子通信设备才能进行沟通，这是为什么？”并要求学生小组内研讨交流。在研讨活动中，学生结合

所收集的证据进行解释：太空是真空，没有传播声音所需要的物质，所以声音不能在太空中传播，即使相隔很近的两名航天员，沟通也需要借助电子通信设备才能进行。通过这样的问题研讨，学生对“声音的传播需要气体、固体和液体等物质”这一科学现象的认识更加深刻了。

（六）指向有效的质疑与反思

《义务教育小学科学课程标准（2017 年版）》中指出，在有限的课堂上，教师要创设民主开放的研讨环境，指导学生之间的研讨交流，诱发学生的深度思考。小学科学课上，学生结合有关探究主题的关键问题展开的研讨、反思与质疑，就是运用所收集的事实表达自己观点的过程。学生经历、总结科学概念，深刻理解科学概念，不断提升科学思维，从形成个人观点向达成集体共识过渡。探究学习中，学生的研讨和反思还是一个薄弱环节[1]，教师要精心设计关键问题，指导学生围绕关键问题进行充分的反思、质疑，养成科学的思维方式和习惯。

例如，学习“完全花”时，一位学生正在观察一朵桃花，不小心把其中一片花瓣碰掉了。旁边的学生就说：“这朵桃花不是完全花。”教师便问他：“可以说说为什么这朵桃花不是完全花吗？”学生说：“它的花瓣少了一片。”教师接着引导学生思考完全花的概念：“这朵花原来就是少花瓣的吗？如果不是，它是完全花吗？”学生在交流和讨论中，懂得了完全花的真正含义，知道了怎样去识别完全花。在这个过程中，教师并没有直接否定学生错误的想法，而是指导学生从另一个角度去思考，从而深化其对科学概念的理解。

二、基于关键问题解决的小学科学研讨活动教学策略

科学教学中，教师如果能够充分利用研讨环节，给学生提供充足的研讨时间和空间，让学生围绕教师精心设计的关键问题展开研讨与交流，对他们理解科学概念、提炼解决问题的方法、提升思维活动的深刻性等都将有很大的助益。

（一）营造良好的研讨环境，促进学生主动交流

探究活动结束后，教师应指导学生及时整理好实验器材，以便能集中

精力、全身心地开展研讨交流活动；研讨过程中，要鼓励学生畅所欲言，与同伴交流自己的观点，逐渐形成集体共识。教师要秉持相信每一位学生都能行的理念，尊重每一位学生的独特体验和发现，使学生不断获得通过研讨和深刻理解科学知识带来的愉悦，从而更加主动地参与到以后的研讨交流活动中去。

（二）指导学生学会获取证据，使研讨有据可依

教学中，教师在引导学生围绕关键问题展开研讨的过程中，要注意指导学生学会获取证据，让学生运用获取的有效证据进行推理、论证或解释。学生在探究活动中记录下来的科学发现、实验数据等都可以作为研讨、推理的证据。学生的有效记录是其获取证据的重要依据，有利于学生开展研讨、推理、论证活动，能使其针对关键问题形成合理的主张，同时凸显学生的学习思维轨迹，帮助学生深刻理解科学概念。

例如，在学生观察昆虫的活动结束后，学生的观察记录如表 3 所示。

表 3　观察昆虫活动记录

昆虫名	触角（对）	足（对）	翅膀（对）	其他发现
蚂蚁	1	3	0	腹部有条纹、毛
蚕蛾	1	3	2	身体有白色鳞毛
蜻蜓	1	3	2	腹部有环节

观察活动结束后，教师指导学生对“昆虫的共同特征”这个关键问题进行研讨。学生很容易发现，昆虫的共同特征为：身体分为头、胸、腹三部分，头部有 1 对触角，胸部有 3 对足。这些特征是昆虫共有的，但是翅膀这个特征有的昆虫有，有的没有，不能算共同的特征。可见，学生利用获取的证据进行研讨，有根据地总结出了昆虫的共同特征，并逐渐把自己的观点向科学概念转化，从而加深自己对科学概念的理解。

（三）在引导学生形成集体共识的同时尊重学生个性化的发现

教师要充分挖掘研讨环节的内在价值，让学生在研讨中互通想法，互相

借鉴，加深对科学本质的理解，并在交流中逐渐达成共识。研讨时，学生往往会把他们在探究中的独特发现或想法和大家分享，这些个性化的发现往往蕴含着学生的独特见解，因此，教师组织学生研讨时既要使学生形成集体共识，又要尊重学生个性化的发现。

例如，教学教科版四年级“油菜花开了”一课时，在观察油菜花的活动结束后，许多学生发现油菜花有 4 片萼片，都是绿色的。这时一位学生站起来说：“老师，我观察的油菜花萼片也是 4 片，但是我发现萼片是黄色的。”油菜花的萼片到底是绿色的还是黄色的？教师尊重学生这个有价值的独特发现，指导学生按照从上往下的顺序再次观察油菜花的萼片，思考萼片什么时候是绿色的，什么时候是黄色的，组织学生再次研讨，最后形成集体共识：油菜花从花蕾到盛开的过程中，萼片是由绿色逐渐变成黄色的。

（四）适时评价，引领学生主动参与

很多时候，在探究活动后的研讨与交流活动中，学生参与率不高、主动性不强，导致研讨交流环节的质量不高。研讨过程中，对学生参与研讨交流的积极性、研讨成果的交流、研讨交流的技巧和方法等方面进行适时评价，有利于促进学生积极主动地参与到研讨活动中，主动交流自己的想法，与同伴一起展开有意义的科学学习，从而逐渐提高研讨质量。

对学生研讨交流情况的评价主要有教师评价、生生互评、学生自评等，这些评价都应以激励为主。对学生研讨交流情况的激励性评价，应重点关注学生在研讨活动中的表现，如是否能积极主动地参与研讨活动、思考过程是否合理、研讨交流的方法是否恰当、是否主动发表自己的观点、是否善于倾听和反思同伴的发言等。教师引导学生对研讨交流的情况进行反思，不断调整和改进自己的研讨行为，能够让学生保持强烈的参与意识，以期通过自身努力达到最佳的研讨效果。

总之，教师围绕学习主题精心设计研讨的关键问题，指导学生主动参与研讨交流活动，在研讨交流中逐渐达成共识，可以促进学生科学素养的发展。教师和学生如果都能关注研讨交流的环节，适当拓展研讨的时空，围绕研讨的关键问题积极开展研讨活动，小学科学课将会更加精彩。

参考文献：

[1] 王兴林.一年级学生科学思维能力的培养策略探析[J].教学月刊：小学版（综合），2018（4）：24-27.

“问题解决型”法治课的进阶设计

朱　妮[①]

法治课教学承载着普及法治常识、培养法治思维、树立法治信仰、促进学生德法兼修的学科使命，其价值追求不能仅仅停留在法治常识的学习上，而是要迈向培养法治思维和法治信仰的更高点，最终提升学生的法治素养。要想实现这一价值追求，法治课的教学设计应该从以教材为中心的知识讲授，走向以学生为中心的问题解决，基于学生的真实困惑，直面社会现实问题，立足当下多元价值冲突中问题的解决，开展课堂教学。“问题解决型”法治课的教学设计是引导学生发自内心地理解法律、认同法律，进而敬重法律、信仰法律的有效路径之一。

一、“问题解决型”法治课的进阶设计步骤

“问题解决型”法治课要从“可能性的教学过程”走向“可操作性的教学范式”，需要教师立足法治素养的培育要求，充分考虑初中阶段学生的学习特点，从学生的真实问题出发，直面社会现实，在知识的个别学习与互助学习中解决学生的真实困惑。基于大量的初中法治教学实践，笔者认为初中道德与法治“问题解决型”法治课的进阶设计应体现如下四个步骤（图 1）。

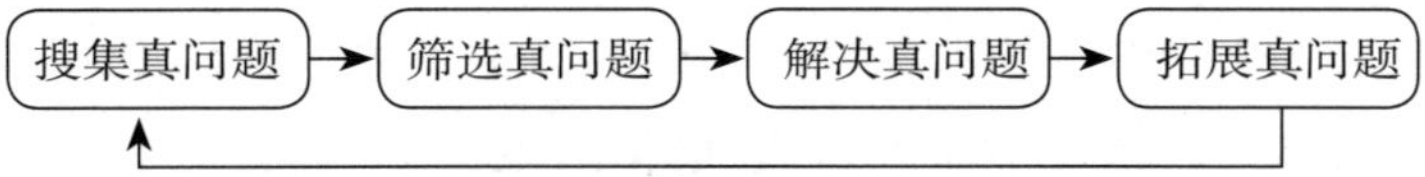

图 1　初中道德与法治“问题解决型”法治课的进阶设计示意

如图 1 所示，初中道德与法治“问题解决型”法治课的进阶设计一般应遵循以下步骤。

---

① 朱妮，江苏省南京市金陵汇文学校，高级教师。

（一）开展自主“浅学习”基础上的问题前测，搜集真问题

解决真实问题的前提是发现真实问题。要发现有意义的真问题，需要引导学生围绕学习主题进行“浅学习”，即在教师设计的课前“自主研读教材任务单”的指引下，学生开展自主学习，进行初步思考。在此基础上，教师开展前测，搜集真问题，要求学生围绕学习主题，提出自己的困惑。在自主“浅学习”的基础上，学生提出的问题是复杂多样的，从思维层次上看，有些问题很简单，指导学生查看书本即可解答；有的问题具有思辨性，需要引导学生具体情况具体分析；有的问题暴露了学生认识上的误区，需要教师予以关注并及时澄清。

（二）基于课程内容学习主题的“深学习”需要，筛选真问题

依据循序渐进、螺旋上升的学习要求，解决“浅学习”阶段学生提出的真实问题，是开展“深学习”的课堂起点和必然任务。教师要对学生提出的问题进行筛选并在此基础上归类。围绕学习主题，依据问题的复杂程度和学生的认知水平，可将问题分为两类：A 类复杂程度较低，是学生现有认知水平可以自主解决的问题；B 类复杂程度较高，是需要教师参与有效引导才能解决的问题。其中，B 类问题常常是学生关注的焦点或教学上的重难点，是学习主题的核心问题。

（三）设计分梯次的主题探究活动，解决真问题

问题解决的过程是一个引导学生逐步深入研习、思维碰撞的过程，旨在满足学生的真实需要，彰显课程内容的教育价值。教师要针对复杂程度不同的 A、B 两类问题，开展分梯次的主题探究活动。对于 A 类问题，教师可以通过任务单的形式，指导学生通过查找课本依据、查看法律条文，或寻求父母帮助、寻找生活经验等方式，自主探究或同伴互助答疑。对于 B 类问题，教师要精心设计主题探究活动，引导学生综合运用教材知识，进行深度探究，解决复杂问题，着力培育学生的法治思维。

（四）引导德法兼修，塑造理想信念，拓展真问题

学习的境界不能只停留在具体问题的解决上，更重要的是引导，使学生触类旁通、举一反三。道德与法治学科的学习不仅仅是对具体知识观点的理解掌握，更重要的是促进学生思想品德发展与法治素养的提升。教师要构建德法兼修的人生课堂，站在公共利益和国家发展角度，拓展真问题，引导学生重新反思自己的经验和认识，主动建构符合社会主义核心价值观和国家利益需要的世界观、人生观、价值观。坚持价值引领与自我构建相结合，彰显国家意识，帮助学生走出个人经验和局部生活的瓶颈，构建广阔的视野和格局。

二、“问题解决型”法治课的进阶操作例析

从实践看，初中道德与法治学科“问题解决型”法治课的进阶设计，不仅需要从教材单元的总体立意出发，还需要立足学生的实际问题与认知起点进行精心谋划。笔者以统编教材《道德与法治》八年级下册第四单元“崇尚法治精神”的教学为例，较为全面地阐述初中道德与法治学科“问题解决型”法治课的进阶设计思路。本单元教学的第一课时，学生通过自主阅读教材与小组合作交流，对教材第四单元的基础知识进行了初步梳理，学生提出了自己的困惑，完成了“搜集真问题”这一步骤，并于课后基于真问题的搜集，完成了“筛选真问题”的步骤。

本单元教学的第二课时，旨在完成“解决真问题”，以及“拓展真问题”的教学。通过设计分梯次的主题探究活动，解决学生在自由、平等、公平、正义方面存在的真实问题；通过引导德法兼修，塑造理想信念的真问题拓展，培养学生的公民意识和国家意识，引导学生崇尚法治精神，树立法治信仰。

【环节1】你知道吗？——法治小讲堂

学生主持人以“向英雄致敬”为主题发表5分钟演讲，介绍了江苏和全国首例保护烈士名誉诉讼的案例及《中华人民共和国英雄烈士保护法》。

教师提升：一个有希望的民族不能没有英雄，一个伟大的国家不能没有先锋。正是他们的无私奉献，才为我们赢得了自由、平等、公平、正义的美好生活。未来的我们或许也会成为英雄，即使成不了英雄，也应对英雄心存感激、崇敬之情。

将“法治小讲堂”作为法治课堂导入活动的固定环节，利用课堂的前五分钟，鼓励学生上台分享自己在法律方面的兴趣点、与生活密切相关的法律常识、社会关注度高的法治热点，不仅可以激发学生的学习兴趣，而且可以拓展学生的法治常识，构建以宪法为核心的国家法治体系，让法治走进学生的生活视野和内心深处，潜移默化地培养学生的法治素养。

【环节 2】你发现了吗？——知识再构建

教师呈现第四单元知识结构图（图 2）启发学生思考：自由、平等、公平、正义与单元主题“崇尚法治精神”之间的关系是什么？它们之间有着怎样的联系？

教师总结：我们要从法治的视角认识自由、平等、公平、正义。认识到法治是实现自由、平等、公平、正义的保证，尊重自由、平等、公平、正义是法治的价值追求。

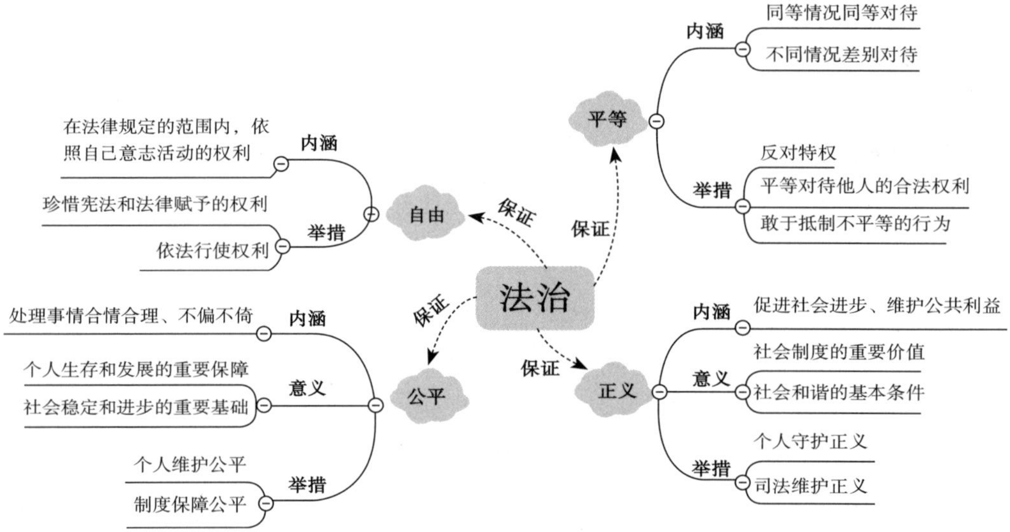

图 2　第四单元知识结构图

教师通过思维导图的方式，指导学生在认识正文内容的基础上，构建单元知识结构，突出单元主题立意。该环节的设计旨在温故知新，调动学生围绕上节课的主题“崇尚法治精神”，回顾自由、平等、公平、正义四个方面的内容，引导学生从法治精神的视角，认识本单元的教材内容，这是开展“问题解决型”法治课的基础。

学生在前一课时完成教材知识的“浅学习”，一方面分框题、条目，细读教材，把握自由、平等、公平、正义的内涵、意义及举措，寻找并构建自由、平等、公平、正义与法治精神的内在联系；另一方面，教师有意识地引导学生学会思考与提问，搜集学生在单元学习中的困惑，捕捉学生的兴趣和误区，从而为接下来的“深学习”奠定基础。

【环节 3】是对的吗？——法眼看世界

（1）教师导入

知识简单，生活复杂！课前同学们围绕本单元教材内容，针对复杂的社会现象提出了自己的困惑，老师从中选择了一些典型问题供大家思考，看看你能否运用所学知识和老师提供的辅助学习资料做出正确判断？

（2）活动规则

①判断是对的吗？并说出理由。

②个人抢答，判断正确 +1 分；说明理由，每点 +1 分。

③友情提醒：建议从课本内容、法律条文、现实意义或危害等多方面阐述理由。

（3）情境探究

【情境一】2018 年 5 月 17 日网民蒋某栋在网上发表侮辱英雄烈士董存瑞、黄继光等的言论，并认为如果自己被抓，说明公民就没有言论自由了。蒋某栋的这一观点是对的吗？

选用学生关注的社会热点和普遍的认识误区，一方面通过真实案例，引导学生体会学法懂法的必要性，将学习法律常识化为自觉行动；另一方面培养学生的法治思维，引导学生基于法律依据，做出理性判断。还要使学生认识到虽然宪法赋予了公民言论自由的权利，但是也规定公民在行使自由和权利的时候不得损害国家、社会、集体的利益和其他公民的合法的自由和权利。且《中华人民共和国英雄烈士保护法》第二十六条规定：“以侮辱、诽谤或者其他方式侵害英雄烈士的姓名、肖像、名誉、荣誉，损害社会公共利益的，依法承担民事责任；构成违反治安管理行为的，由公安机关依法给予治安管理处罚；构成犯罪的，依法追究刑事责任。”

【情境二】《王者荣耀》官方为防止未成年人沉迷游戏，从2017年4月17日开始，要求实名注册。腾讯游戏防沉迷系统，限定未满18周岁的玩家每天只能玩2小时。部分家长限制孩子使用智能手机和电脑。此类做法对吗？

问题前测中，选用学生普遍不满的典型情境。一方面通过自主学习法律条文，认识到游戏官方的做法与部分家长的做法符合《中华人民共和国未成年人保护法》的具体要求，其做法承担的不仅仅是社会责任与家庭责任，还是必须履行的法定义务。进而理解法律看起来是约束，实则是保护，是自由、平等、公平、正义的守护神。另一方面通过启发引起学生思考：①法律为什么要做出这样的规定？②学生虽然能够理解法律的规定，父母的管束看似是约束，实为保护，可是真正面对这些束缚时，免不了会有不自由、不公平的感受，这时候该怎么办？教师要引导学生认识到，成长中常常出现的不自由、不公平感，往往是个人心理上的不成熟导致的，需要我们学会自我调节，换位思考，理智面对负面情绪，努力做一个宽容豁达的人。

（4）教师小结

面对复杂的社会现象或生活问题，评判是否符合自由、平等、公平、正义的价值追求，最主要的标准就是法律。法律看似是约束，实则是保护，是自由、平等、公平、正义的守护神。当我们在生活中出现不公平感时，应该首先从法的角度，做出是非判断与理性选择。当我们无法理解法律（制度、规则）的合理性时，可以试着换个角度思考其背后的意义，努力做一个有大局意识、责任担当的公民。

【环节4】你懂了吗？——互助中释疑

（1）教师呈现学生课前提出的困惑。要求学生运用新习得的思维方式，并借助教材知识和法律条文，互助释疑。

（2）学生独自静思：我起初的困惑还在吗？哪些已经解决了？还有哪些疑问？

（3）学生互助释疑：学生可以选择解答自己曾经的一个困惑，也可以选择解答同学的问题。课堂上是解决不了学生所有问题的，生活中他们会面对更多的问题。“问题解决型”课堂不在于解决学生的多少个具体问题，而在于培养学生理性的思维方式和智慧的解决方法。这节课作为法治专册学习的最后一课，在学生的成长道路上，播撒了“法治”的种子，期待这颗“法治”的种子能在每一个学生的心中生根发芽，让他们尊重法律、敬畏法律的信仰更坚定，学习法律、遵守法律、捍卫法律的步伐更坚实，永远都能与法共成长。

三、“问题解决型”法治课的进阶操作要旨

（一）学生从“敢于提问”走向“善于提问”是前提

培养学生学会提问，引导学生提出有价值的问题，是“问题解决型”法治课的前提。法治课的教学不能僵化地宣讲法治知识，而要灵动地提升学生的法治素养，引导学生从法治的视角发现问题，运用法治的思维解决问题，让学生从敢问走向善问。

（二）教师从“搜集问题”走向“筛选问题”是关键

“问题解决型”法治课进阶操作的关键在于“真问题”的筛选。为了搜集学生的真问题，教师通常需要在学生“浅学习”的基础上进行问题前测。但是搜集到的学生问题往往内容纷杂，层次不一，有些问题可以删减，有些问题可以归类整合。首先要按照问题的复杂程度和学生的认知水平初步将学生的问题分成 A、B 两类，然后重点研究思维要求略高的 B 类问题，透过众多问题的表象，发现学生问题的症结所在。

（三）问题探究从“学生自主”走向“教师引领”是重点

“问题解决型”法治课的重点在于学生问题的有效突破，需要教师围绕学生问题的症结，设计恰当的情境任务，组织有效的问题探究。有效的问题探究，不是放任学生自主探究，而是教师主导下的精心预设与方向引领。情境任务的设计要符合学生的身心特点和认知现状，问题探究的过程需要教师把握方向，注重引导，给学生提供解决问题的有效路径或可参考的辅助性学习资料。

（四）教育价值从“思想植入”走向“内心认同”是追求

“问题解决型”法治课的教育价值不在于思想植入式的灌输，而在于学生真正的内心认同，需要教师引导，德法兼修，塑造理想信念，拓展真问题。教师在法治课教学中，不能止步于法律条文的学习与运用，而要从学生的内心感受出发，循循善诱，一方面引导学生换位思考，调节情绪，努力做一个宽容豁达的人；另一方面引导学生思考法律（政策）背后的社会意义，从大局出发，理解法律（政策）出台的合理性，进而悦纳法律，努力成为一个有大局意识和责任担当的公民。

总之，统编教材《道德与法治》八年级下册作为法治教育专册，承载了“全面推进依法治国”的历史使命。面对这份沉甸甸的责任，搭建教材内容和学生实际之间的桥梁，有效实现普及学生法治常识，培养学生法治思维，树立学生法治信仰，促进学生德法兼修的具体使命，是全体初中道德与法治学科人的学科教学使命。“问题解决型”法治课的进阶设计作为一种有效途径，还需要学科人继续耕耘与实践、继续思索与完善。

“问题解决评价”导向下的单元整合阅读

于保东[1]

当前阅读教学测评都是采用相对稳定的、模仿中（高）考试题形式的封闭式、传统型考评，这种考评是立足于根据考试来判定考分的测定评价。这种测定评价是基于对学生学习水平的检测，是教师依据考纲和单元学习要求编制的，并且相对固定和相对封闭，是学生学习成果的后检测。其目的是对学生学习结果的考查，是用考试来测定学生学习的结果——知识量的多少，是对学生“知道什么、知道多少”的评价。这种评价缺乏对学生学习过程的关注，使教师无法及时捕捉学生学习过程中的困惑在哪里，也不能完全捕捉可能存在的教学问题，当然也不利于对学生实施“自我教育力”和“自我学习力”的培育。

钟启泉先生认为这种测定评价有以下缺陷：第一，仅仅把握了学力形成的一个侧面，即在这种考试中只能测定表层的解决能力——答案预先决定了的问题，而难以把握作为核心素养所体现的诸如学习动机、思考力、判断力、表达力之类的新型学力的整体面貌；第二，在传统的评价中仅仅把学习的结果视为问题，这种评价无助于改进教与学。

“学生发展核心素养”的提出，意味着语文教学也要完成从“知道什么”到能够运用知识“解决什么”“怎样解决”的教学转型，即转向语文能力的养成。作为教学环节重要组成部分的评价也要注意从“知道什么（分数）”转变到“解决什么”和“怎么解决”这种重视语文素养的评价方式，即转型为基于学生语文学习表现而进行的有助于改进语文学习的“问题解决评价”，这是从“测定评价”转变到“问题解决评价”。

本文试以人教版语文九年级上册第五单元古典小说学习为例，谈谈基于

[1] 于保东，山东省东营市实验中学语文高级教师。

开放性问题导向考评要求下的任务驱动型单元整合阅读设计，探索基于“问题解决评价”的单元整合阅读策略。

人教版语文九年级上册第五单元的四篇课文均选自我国古代白话小说中的名著。在编制单元问题评价试题前，笔者先对本单元的学习做了如下说明：

1. 本试题的命制旨在推动同学们深入细致地阅读中国古典名著，让中华博大精深的文化滋养我们的精神血脉。深刻认识到读书（完整读一本书）的重要性，因为这是提升自己核心素养的基本途径。当然也是为自己将来的语文学习奠定基础。

2. 本试题采用开卷形式，学习时间为两个月，考评时间为两节课。积累性的知识要考同学们平时的积累。分析、评述的内容都在课文中或者原著中，更重要的是考查同学们解读文本的能力和语言表达的能力。分析、评述的内容虽然是主观性的，但是一定要注意文本解读的深度和表达的逻辑性。

一、知识价值的判定与积累

任务驱动下的学习，任务设计是关键，它是撬起整个学习的支点。这里所说的“任务”不仅仅是知识任务，更是一种创造力强、探究度大、信息量足、应用味浓的知识资源，是教师设计并提供给学生可以“一探究竟”或“大显身手”的一份材料、一个问题或一项活动。如我国古代白话中有些知识价值的判定与积累也应该是小说学习的重要内容。没有对我国古典小说基本知识的积累，会缺乏深入阅读文本的有效路径，也会缺乏深入理解文本的钥匙。因此，有效的、有价值的知识积累仍是学习我国古典小说的必备素养。在设计本单元的基本知识问题时，笔者设计了以下几个问题：

1.《儒林外史》是吴敬梓的作品。这部作品的最大艺术特色是什么？请结合自己的阅读理解，谈谈自己的认识。

2.《水浒传》中许多人物都有绰号，请写出《水浒传》中最少 10 个人的真实姓名与绰号。用 200 字左右谈谈你对中国文化中“绰号”“别号”等知识的认识。

3.《三国演义》中有很多著名的历史事件，但《三国演义》与陈寿的《三国志》又不一样，请举几个例子，评述两者的区别与联系，200字以内。

4.《红楼梦》被誉为中国古典小说的巅峰之作，请根据自己的阅读理解，用比较有条理的形式写出自己的理由。

二、“过程一成果”的呈现

学生深入阅读整本书和课文，教师提供的支架是进入文本的路径，而不是进入文本的结果。这里更多的是强调学生的自主学习、深度学习，培养的是学生自主学习的能力，包括寻找学习方法的能力和独立思考的能力。同时，教师要以问题的形式对学生的学习情况做及时跟进。在前期开放学习中，这种学习方式能促进不同学力、不同思维品质、不同学习方法、不同学习背景的学生有自我发挥的机会和不同发展的可能，也为学生提供更大的展示空间。

可能有的教师认为这种学习方式就是预习，其实不然。这种学习方式基于学科学习内容，侧重对学生学力的培养，重视学生学习过程的品质培养，重视学生学习经历而非内容目标。教师搭建的支架仅为学生的深度学习提供发现的方向，在这个方向的引领下，学生自己寻找工具阅读文本，并试着用自己发现的工具解决学习中的问题。在寻找和发现的过程中，学生不断跳进文本，跳出文本，再跳进文本，积累了经验，掌握了学习方法，并对自己的学习活动进行了全面反思——反思答案的可能性、可靠性、全面性、深刻性；反思“答案”表达的多元性、多样性；反思获得“答案”的不同角度、不同渠道。这就是“学会学习”的过程。

如《智取生辰纲》一文的学习，笔者设计了这样两个问题：

1.请细读文本，写出杨志手中“藤条”在文本中的作用。

2.请分析本文的几处铺垫、伏笔与照应的妙处，每处不得少于200字。

《范进中举》一文的学习则设计了这样两个问题：

1.《范进中举》是一篇讽刺小说，许多细节描写得非常让人发笑。请举文本中或者《范进中举》中最少5处其他人物描写的例子说明本文的语言特色。

2.语文学习讲究字不离词，词不离句，句不离段，段不离篇。请根据这个基本的学习规律与方法，分析范进“噫！好了！我中了！”这句话的深层含义。不得少于200字，有能力的同学可以写成小论文。

《香菱学诗》一文的学习则设置了这样两个问题：

细读《香菱学诗》及《红楼梦》相关章节内容，回答问题：

1. 用自己的话概括“香菱学诗”的几个阶段。

2. 说说“香菱学诗”对你学习的启发，不得少于200字。

教师设计的基于培养学生问题解决能力的问题，要为学生提供较大的空间和较长的学习时间（学习本单元，笔者是提前两个月把本单元的问题公布给学生的）。这样学生就有时间和空间去再次细读名著或者细读名著的相关内容，避免因为学习时间太短使学习效果受到限制。教师设计教学内容的定位和任务驱动，给了学生明确的定位和任务驱动，指明了学生阅读的方向，学生自然会走进文本，并由读文本走向读原著。这样，基于“问题解决”的问题设置“垫高”了不同学生的学习起点，有效激活了他们的积极思维甚至深度思维。

三、多样性学习与多样性评价

思维素养是学生的核心素养之一，而要培养思维素养必须基于具体学情和每个学生的学力。因此，教师在设置问题时必须注重学生学习的多样性，考虑到不同学生不同的学习时间、空间和学情。如有的学生对《红楼梦》较为陌生，而有的学生则读过《红楼梦》了，教师就要为没读过《红楼梦》的学生提供充裕的时间去读《红楼梦》，否则，学生在没有准备情况下的学习容易陷入被动和无效。基于不同的学力，教师对学生学习结果的呈现和不同文本内容学习结果的呈现也应该进行多样性的评价。

首先是基于过程的评价。教师在布置任务后要进行多次调研，以便深入细致地掌握学生学习的实际状况，对懈怠的学生进行督促，对勤勉的学生进行鼓励。还要与学生交流、沟通其在学习过程中产生的问题，以便在学习方法上及时跟进指导，在过程中改进学生的学习方法，对学生的思维能力进行引领。具体而言就是在学习过程中，要求学生阅读指向是指向方法——让学生学会学习语文，指向思维能力——在语文学习中学习思考。教师对学生的评价要关注学生的学习过程，教给他们思考的方法，通过分析文本的深度和表达的逻辑性呈现，发展他们的思维，让他们经历一个由不懂到懂、由浅到深、由不会到会、由知之甚少到知之甚多的过程，使基于“问题评价”的单元整合阅读真正成为学生自主阅读的舞台。

其次是学生的学习结果怎样呈现，怎样评价？这是从“测定评价”到“问题解决评价”的单元整合阅读必须解决的问题。如果说教师“基于问题解决学习内容的设计”是确保学生真正经历自主学习的过程，后续的教学跟进就需要教师为学生提供发表、交流、辨析，甚至辩论（如何清晰有效地和他人沟通）学习结果和学习经历的时间和空间。学生的学习结果既可在学习过程中用学习卡片、作业、作文、作品等资料呈现，也可在两节课的考评中呈现，既注重在过程中形成结果，也注重考评形成的结果，多角度、综合地展开评价，这是一种指向完整地捕捉学生学力整体形象的“真实性评价”。

教师对学生的评价要指向学生运用已有的经验和知识进行分析、综合、概括、归纳、分类、比较等思维活动。如“矛盾冲突中展示人物性格是小说创作的核心艺术手法，请依据本文概括曹操和杨修在矛盾冲突中展示的性格特点。有人认为杨修的死是必然的，你同意这个观点吗？请用500字以上的文字说明自己的理由”。从某种意义上说，这篇小论文是一种证明性写作，强调的是学生如何严谨地思维，如何找到强有力的论据证明自己论点的正确，怎样有条理、逻辑清楚地表达自己的观点，核心就是锻炼学生的思维。正如叔本华认为的那样，尽管有时候我们可以在一本书里轻而易举地找到自己几经艰辛、缓慢的思考和组合才得以发现的某一见解或真理，但是，经过自己的思维所获得的见解或真理却价值百倍。

四、改进学习（思维力与习惯）与终结性结果

“问题解决评价”的单元整合阅读强调从理解文本出发，为学生提供解读的时空和基本路径，引导学生结合自身的知识与经验、学力水平去深入阅读文本，既要跳进文本与作者对话，又要跳出文本与老师、同学讨论甚至辩论，通过吸收、借鉴，甚至质疑别人的结论，质疑已有的定论或者自己的结论，

进而深化自己的见解或者提出创造性的见解。

如“请细读文本，写出杨志手中‘藤条’在文本中的作用”这个题，很多同学是基于“孔乙己的长衫”“奥楚蔑洛夫的军大衣”学习结果迁移而形成的结论。再如“说说‘香菱学诗’对你学习的启发”这一问题，有的学生就紧扣“走（用）心”两个字进行深入分析，而有的学生则紧扣“积累与运用”深入分析，还有的学生则从王国维先生论述的读书三境界分析，如此等等。

教师作为解读文本的先行者，要对学生学习的过程结果和呈现结果敏于收集线索与信息，根据其有效性做出价值判断。要对学生学的结果呈现有比较明晰的判断，并且基于此判断，同自己的教学改进结合起来。对于教师而言，是从“指向目标达成的教学与评价的一体化”的视点出发，“单元计划—实施—评价（运用多样的资料）—反馈（改进教学）—单元计划—实施”的循环往复。对于儿童而言，是从“指向目标达成的自我学习力的提升”的视点出发，“单元计划—实施—评价（运用多样的资料）—反馈（改进学习）—单元计划—实施”的循环往复。

以问题为导向更能激发学生创新思维与专业学习的积极性，能以开放推动深入，以深刻摒弃肤浅，进而把学生引领进深度学习的状态中。

指向素养发展的问题解决式教学

——以“电池是如何产生电流的？”为例

庞 雪[①]

在化学能与电能的实际教学中，学生对于电化学知识的学习总是留有“难”“乱”的印象。造成这种认知困难的主要原因有两个：一是存在关于电化学的偏差或错误认识；二是分析和解决电化学问题时缺少认识角度与合理思路，系统性差。

因此，在原电池的教学中，我们急需改变教学方式，激发学生的学习兴趣，同时帮助学生构建更加体现电化学学科本质、有利于知识结构化、有助于问题解决思路化的系统认识模型。基于此，我们开展了以“探索电池的奥秘”为主题的问题解决式教学。主题涵盖课程标准中的核心内容，同时又指向真实问题的解决，有助于激发学生的探究兴趣。在解决问题的过程中，教师要帮助学生建构电化学认识模型，进而应用模型解决实际问题，使学生体会电化学认识模型的功能价值；从高一到高三，从装置和原理两个维度，不断完善学生的认识角度及关联，发展认识，使其最终形成与解决问题相匹配的系统、微观、动态、定量的认识能力，在学习过程中发展学科核心素养。

一、指向素养发展的教学设计

1. 教学背景分析

（1）内容分析

从教学内容上来看，本节课包括通过实验探究原电池的工作原理、建立原电池的认识模型、理解原电池的本质、应用原电池认识模型分析干电池、建立角度间的简单关联等内容。

---

① 庞雪，北京市八一学校教师。

本节课的内容在知识发展上，是对氧化还原概念理论、反应能量概念理论的深化，同时又是选修 4 电化学模块的内容基础；在素养发展价值上，通过实验探究原电池的工作原理是对科学探究素养的发展，通过微粒变化与运动解释实验现象是对宏观辨识与微观探析素养的发展，在探究过程中关注物质变化和伴随的能量变化是对变化观念素养的发展，电化学认识模型的建立是对模型认知素养的发展，而拆解电池，体会电源的发展和电池的优化、改进过程又是对科学态度和社会责任核心素养的再次发展（图 1）。我们希望本节课的内容能成为学生化学学科核心素养发展的良好载体。

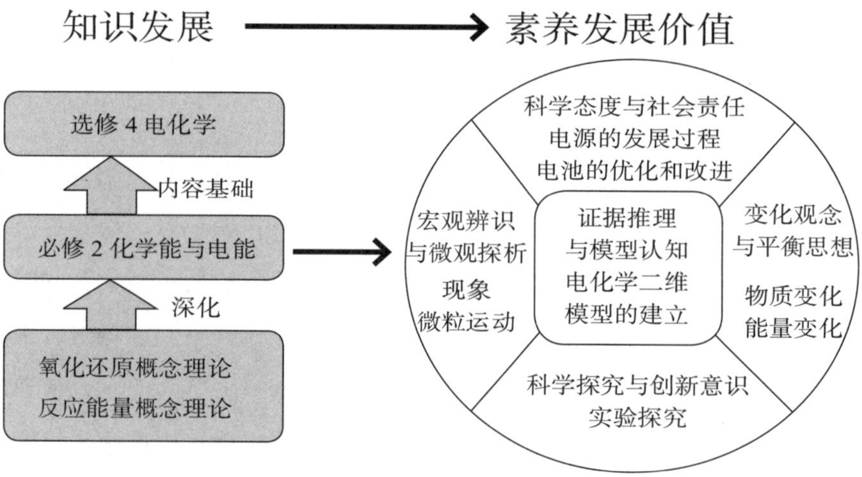

图 1　知识发展与素养发展价值分析

（2）学生分析

①学生的已有基础

通过拆解电池、制作海报和学生访谈等课前任务对学生已有基础进行探查发现，经过初中化学和高中化学必修模块的学习，学生已掌握了氧化还原反应的相关理论、电解质溶液的概念、导线的作用，了解了电极的作用等相关知识，具备了一定的分析问题能力与合作实验探究精神，但是对电化学问题没有认识角度和思路。访谈中，学生仅能基于生活经验说出电池具有正极、负极，但很容易将电极反应物和电极材料混淆，即对原电池反应原理的本质（氧化反应和还原反应分别在两个场所进行）、原电池装置各构成要素对反应分开进行的作用和价值并没有清晰的认识。

②学生的发展目标

通过本课时学习，学生能够从本质上认识原电池的反应原理，建立原理和装置两个一级角度，进而建立二级角度，最终形成各二级角度间的相互关联，即原电池的认识思路，形成解决电化学问题的思维模型。

③发展的障碍点和关键点

通过课前探查发现学生对于原电池没有建立原理、装置两个一级认识角度，更无从谈及二级角度。针对学生的障碍点，我们设计了相应的教学环节以及每个环节中学生的认识发展路径（图 2）。

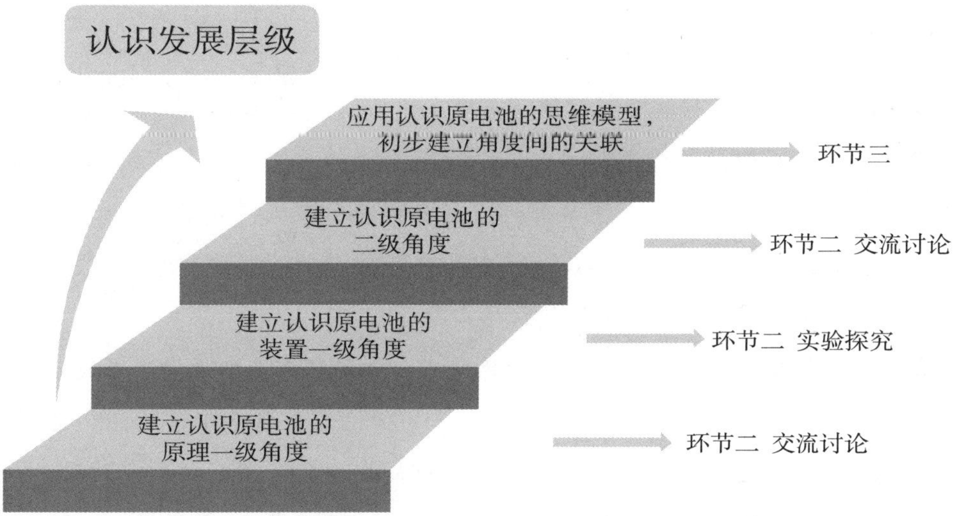

图 2　学生的认识发展路径

2. 单元教学整体规划

本课例结合其具体内容特点、学情特点，深刻领会化学学科核心素养内涵，紧紧围绕“发展学生化学学科核心素养”这一主旨展开。

深度分析教学内容，并将其与课程标准中的素养内涵及素养表现水平进行紧密联系发现，在通过实验探究原电池的工作原理中，学生需要具备和发展依据问题设计探究方案、通过实验将化学能转化为电能的能力，这对发展学生的科学精神具有重要价值；在建立原电池的认识模型进而应用模型解决实际问题的过程中，学生需要具备和发展模型认知能力；而在干电池的利弊分析与优化改进的过程中，培养和发展了学生的实践创新素养。通过探索电池的奥秘这一完整的学习过程使学生学会学习。

通过深入挖掘本课的核心素养价值，同时考虑到教学目标确定的科学性和统筹规划，本课例对必修和选修电化学内容的教学目标进行了整体设计。对必修阶段，即本课例教学目标和评价目标设计如下：

【教学目标】

①通过实验，探究铜锌原电池的工作原理，丰富对化学反应能量视角的认识，形成有目的地获取实验或事实证据的能力，以及应用氧化还原反应、离子反应相关理论从反应的微观本质解释宏观实验现象的能力，形成自主学习、合作探究的意识。培养以宏观辨识与微观探析、科学探究与创新意识、变化观念与平衡思想为主的学科核心素养。

②通过对实验结果的归纳总结，掌握原电池的基本构成要素；通过对原电池构成要素的归纳总结，建立分析原电池的基本角度以及这些角度之间的关联；通过再探干电池，建立应用原电池思维模型解决实际问题的方法。培养以证据推理与模型认知为主的学科核心素养。

③通过拆解电池，了解干电池的优缺点，初步了解在电源的发展过程中，从哪些角度对电池进行了优化和改进；通过从化学视角看化学电源的发展，感悟化学学习与社会、科学、技术、环境之间的密切关系。培养以科学态度与社会责任为主的学科核心素养。

【评价目标】

①通过对铜锌原电池实验方案的设计与实施，诊断并发展学生科学探究的水平（实验方案设计水平，有目的地获取实验或事实证据的水平，应用氧化还原反应、离子反应相关理论从反应的微观本质解释宏观实验现象的水平）。

②通过对铜锌原电池工作原理的分析和对化学电源中各部分作用的分析，诊断并发展学生对原电池认识思路的结构化水平（建立原理、装置一级维度，

原理、装置二级维度，以及角度间的关联水平）。

③通过对干电池优化和改进的分析，诊断并发展学生对化学价值的认识水平（学科价值视角、社会价值视角、学科和社会价值视角）。

结合教学目标，制订如下单元教学流程：本课例包括一个拆解干电池的课前任务，三个课上环节（环节一：创设情境、布置任务；环节二：构建模型、认识本质；环节三：应用模型、理解本质），以及干电池利弊分析与优化的课后任务。环节二、三为教学核心环节。

核心环节二包含三个学生任务。任务一的驱动性问题为“构成电池在原理上需要满足什么条件？”，属于说明论证型任务，学生围绕“如果你是一名电池设计师，从理论分析，你想为电池选择哪种类型的化学反应，实现化学能转化为电能”进行说明论证；任务二的驱动性问题为“如何使氧化还原反应中转移的电子定向移动，最终产生电流？关键是什么？”，属于简单设计型任务，学生通过实验探究实现化学能转化为电能；任务三的驱动性问题为“要使氧化反应、还原反应分开进行，产生电流，需要哪些装置要素？各有什么作用？”，属于概括关联型任务，学生将抽提装置要素，自主建立原电池认识模型。

核心环节三的驱动性问题为“应用原电池模型，分析所拆解的干电池中各核心物质有什么作用？”，属于分析解释型任务，学生将应用原电池认识模型，分析所拆解的干电池中各物质的作用。

二、核心环节的教学实施效果

1. 环节二：构建模型，认识本质——任务二

在环节二的任务二中，学生能够依据问题，进行实验方案设计，并独立完成实验，成功设计和组装出铜锌原电池与碳锌原电池两套装置，实现化学能转化为电能，达到了丰富对化学反应能量视角认识的目的，发展了科学探究核心素养。在实验过程中，学生展现出较强的问题意识，能够依据问题，有目的地记录下锌片和铜片上都有气泡、有电流产生等实验现象，发展了有目的地获取实验或事实证据的能力。在获得现象即证据后，能够结合已有的

相关理论，从反应的微观本质去尝试解释所观察到的宏观现象，通过自主学习、交流讨论，学生能够比较清晰、完整地表达出铜锌原电池的工作原理，在教师的问题引导下，自主关注到原电池的本质，更展示了宏观辨识与微观探析核心素养在学习过程中的提升和发展。

2. 环节二：构建模型，认识本质——任务三

在环节二的任务三中，学生能够对实验结果进行有目的的提炼和归纳，进而抽提出构成原电池装置的二级要素，并能够结合铜锌原电池的工作原理对各装置二级要素的作用进行概括关联，但在对装置各要素作用的分析过程中仍然存在一些问题。例如，笼统地将铜和锌都归结为电极材料，容易忽略掉锌的双重作用（电极反应物、负极材料）。此时，教师的及时追问使学生关注到锌作为电极反应物的作用，同时也使学生从对装置二级要素的分析过渡到对原理二级要素的分析，纠正一些学生将电极材料和电极反应物混淆的错误认识。经过这样一番对话，学生逐步建立起较为完整且清晰的原电池认识模型，并形成了这些角度之间的简单关联。在此过程中，学生的模型认知核心素养得到了较好的发展和提升。

3. 环节三：应用模型，理解本质

在环节三中，学生已经能够应用模型，分析实用干电池中各核心物质的作用，不但对原电池模型各角度有了较深的理解，同时还展示出了结构化的认识思路水平（建立原理、装置一级维度，原理、装置二级维度，以及角度间的关联水平），初步建立起了应用原电池思维模型解决实际问题的方法，达到了对模型认知核心素养的再次提升。

三、教学反思

1. 核心教学策略

（1）以问题解决方式展开，注重真实问题情境的创设

案例从学生生活中熟悉的干电池入手，将陌生问题生活化、熟悉化——“干电池是如何产生电流的？”“干电池有哪些利与弊？”“如何对干电池进行优化和改进？”，以问题解决的方式逐层展开。这些真实、具体的问题情境是

学生化学学科核心素养形成和发展的重要载体，使学生能够更加全身心地投入，致力于真实问题的解决，积极地进行实验探究、组内交流讨论、组间汇报点评。在这一过程中，学生的实验探究、语言表达、团队协作能力都得到了很好的锻炼，同时体会到了化学学科的社会价值，增强了学好化学造福人类的信念。

（2）以模型建构为核心，注重认识思路的模型化和外显化

认识模型是在教学中实现知识向素养转化的有效途径。该案例中，教师以原电池模型的建构为核心内容，通过活动的设计，在问题的解决过程中使学生自主发现两个角度、八个要素，从而建构出原电池模型。继而以模型为工具，分析解决实用干电池的一系列问题，不断加深对模型的理解，使模型内化、外显，使学生形成电化学问题的分析思路，学生按此认识思路就能够进行迁移，对必修阶段的电化学问题进行有依据、有角度的分析判断，同时为选修阶段电化学问题的解决打下坚实的基础。这样认识模型的建构和应用，体现了电化学学科本质，有利于知识结构化，有助于问题解决思路化。

2. 后期改进设想

案例中涉及大量学生交流讨论型活动，如课前的拆解电池、制作海报、交流讨论活动，课后的应用认识角度讨论干电池的利弊、提出优化和改进方案活动等，由于课堂时间有限，无法做到各小组一一展示、详细汇报，可能使某些小组留有遗憾，意犹未尽。面对这样的情况，以后教学时，在教学策略上，教师可以更多地借助互联网平台，采用线上线下相结合的教学方式。课前可以通过在线学习平台发布推送各小组拆解电池、制作海报的成果，各小组在规定的时间范围内自主安排时间，进行在线交流研讨，为课上学习做好准备；课后再次利用在线学习平台，展示及交流研讨干电池的利弊，优化各组改进方案，教师利用交互空间基于学生情况进行个性化指导。如此，对于学生课后的延伸学习和讨论，能够使学习目标达成度更高；对于教师，能够通过学生的学习数据，分析诊断课上学习目标的达成效果。

小学生创造性思维评价

——以数学开放题问题解决为例

杨传冈 ①

创造性思维是大脑皮层区域不断恢复联系和形成联系的过程，它是以感知、记忆、思考、联想、理解等能力为基础，以综合性、探索性和求新性为特点的心智活动。[1]美国心理学家吉尔福特认为，流畅性、独创性和灵活性是创造性思维的三个特点。田鹏认为，培养学生发散性思维和创造能力是数学开放题教学的最重要目的。[2]对学生的创造性思维培养和评价是教师教学的重要任务之一，但其具体评价一直是研究的难点，本文试从数学开放题视角来评价小学生的创造性思维。

一、研究设计

1. 实验样本选择

从某小学随机选择六年级两个班，每班随机选取 30 人，共 60 人进行问卷调查。两个班的数学成绩基本一致，且为同一名教师任教，样本具有一定的代表性。

2. 测试用题编制

（1）试题考查力求系统化。思维能力是小学生顺利完成思维活动的稳定心理特征。编制系统化题目测试思维能力水平，最大限度地排除偶然因素。

（2）试题考查因素力求单一。一道数学开放题往往是多种数学能力因素作用的结果。测试题着重考查能力因素，提高测试效度。[3]

（3）试题考查力求新颖性。以不超过学生知识范围、用学生未接触过的新颖问题去考查，能更真实地反映其能力水平。因为用熟悉的题目去测试反映出

① 杨传冈，江苏省盐城市第二小学教师，江苏省特级教师。

的可能仅是技能、知识掌握层次的水平，而不能有效地反映能力水平。[3]

（4）试题考查力求代表性。既有数与代数知识，也有图形与几何知识；在数与代数领域，有的考查概念理解，有的考查问题解决。

据此，我们编制了四道测试题。

问题一：数字分类

请尽可能使用不同的标准从下面的一列数中挑选一些数出来，并写出你的挑选标准，种类越多越好哦。2，3，5，9，10，12，13，25，39，49，范例：3，5，9，13，25，39，49 都是奇数。

问题二：问题提出

你能根据下面的图片（图 1）提出不同的数学问题吗？（友情提示：提出的问题种类越多越好，无须解答所提问题）

百合花每束 10 枝

进货价：每束 55 元

零售价：每枝 8 元

玫瑰花每束 20 枝

进货价：每束 20 元

零售价：每枝 2.5 元

图 1　看图提问

问题三：数字金字塔（图 2）

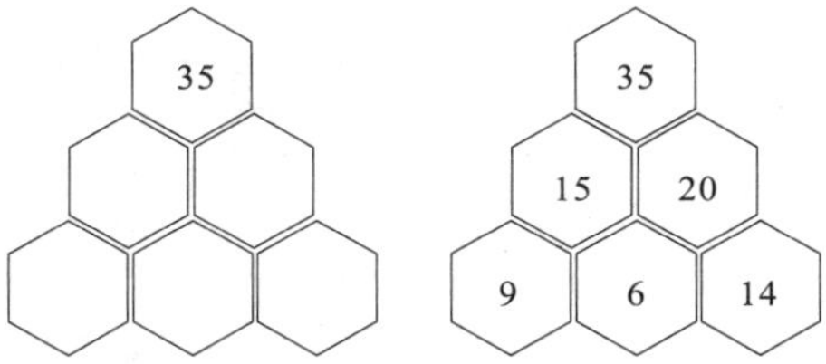

图 2　数字金字塔

数字金字塔满足一个神奇的规律——每个格子的数都由下一层相邻的两个格子中的数用相同的运算计算得到。图 2 中右图就是一种用加法为运算法则得到的数字金字塔。你能尝试填出左图的这个金字塔，并保证最高一个格子中的数是 35 吗？（友情提示：请尽可能找出多种不同的方案，最好是其他同学想不到的方案哦。图形不够可以把数字写在空白处或背面）[4]

问题四：九点图

在由 9 个点组成的点阵图中，连接任意两个点可以成一条线。我们可以在这个点阵图中创造出各种不同的图形。如果相邻两点的长度是 1 厘米，图 3 中小正方形的面积就是 1 平方厘米。你能在点阵图中画出面积为 2 平方厘米的图形吗？画出的种类越多越好！（友情提示：图 3 中右边的三个图形和左边第二个图形通过平移、旋转或翻转后形状完全一样，只算一种图形）[4]

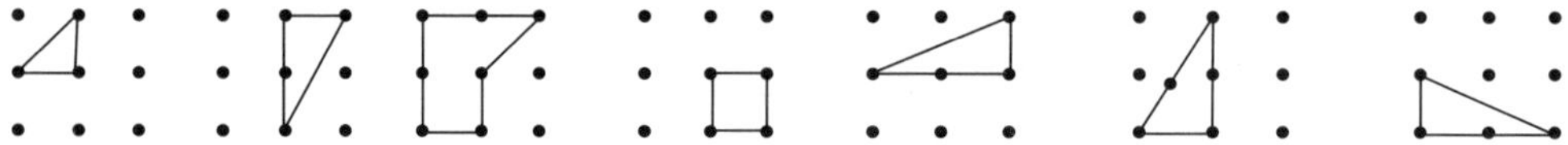

图 3　九点图示例

3. 制订评分标准

为了研究方便，研究者一般是从学生思维的流畅性、灵活性和独创性方面进行评价[1]。教师可根据学生的具体答案给出相应分数。

（1）流畅性。根据学生所给正确答案个数确定。如，一个正确答案计 1 分，10 个正确答案就计 10 分。（根据实际问题内容而定）

（2）灵活性。根据学生所给正确答案的方法或种类个数确定。以“数字分类”“问题提出”两道题目为例，题目所有的种类汇总及每种方法在所有样本中所占的比例（表 1，表 2）。

表 1　“数字分类”灵活性标准

类型	举例	百分比
①偶数	2，10，12	88.3%
②素数	2，3，5，13	66.7%
③合数	9，10，12，25，39，49	58.3%

续表

类型	举例	百分比
④一个数的倍数	3 的倍数有 3，9，12，39	55.3%
⑤大于或小于 A 的数	小于 10 的数 2，3，5，9	15%
⑥十位或个位是 A 的数	十位上是 1 的数 10，12，13	30%
⑦一个数的因数	10 的因数 2，5，10	20%
⑧其他	1 的倍数：2，3，5，9，10，12，13，25，39，49	8.3%

表 2 “问题提出”灵活性标准

类型	举例	百分比
①求单价	每枝百合进价多少元	53.3%
②求单价和或差	每枝百合比每枝玫瑰多多少元	61.7%
③求枝数和或差	一束玫瑰比一束百合多多少枝	58.3%
④求单价比	每枝玫瑰的零售价与进货价的比是多少	3.3%
⑤求盈利	卖一束百合盈利多少元	26.7%
⑥甲是乙的几分之几（或几倍）	一束百合是一束玫瑰零售价的几倍	13.3%
⑦求总价	每束百合零售价多少元	21.7%
⑧求总价的和或差	一束百合和一束玫瑰零售价共多少元	21.7%
⑨其他	一束百合比一束玫瑰少百分之几	13.3%

（3）独创性。根据同一种正确方案的人数除以总人数所得百分比进行判断。小于 10% 说明新颖性好，可计 4 分；如在 10% ~ 20%（不包括 20%），计 3 分；如在 20% ~ 30%（不包括 30%），计 2 分；如在 30% ~ 40%（不包括 40%），计 1 分；如在 40% 及其以上，计 0 分。

二、个案评价

根据上述评分标准，每个学生每道题目都会有 3 个分数。为了研究方便，教师可以分别进行分析和讨论。下面选取部分代表性的案例进行具体分析。

1. “数字分类”的评分情况（图 4）

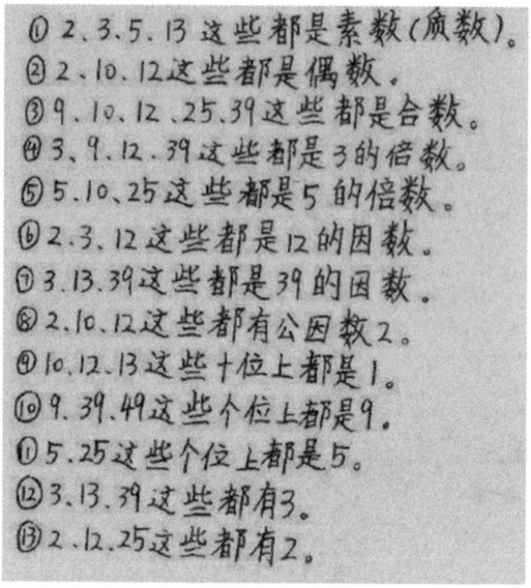
①2.3.5.13这些都是素数(质数)。
②2、10.12这些都是偶数。
③9.10、12、25.39这些都是合数。
④3、9.12.39这些都是3的倍数。
⑤5.10、25这些都是5的倍数。
⑥2.3.12这些都是12的因数。
⑦3.13.39这些都是39的因数。
⑧2.10、12这些都有公因数2。
⑨10.12.13这些十位上都是1。
⑩9.39.49这些个位上都是9。
⑪5.25这些个位上都是5。
⑫3.13.39这些都有3。
⑬2.12.25这些都有2。

图 4　学生 A 的解答

根据评分标准，学生 A 给出了 13 个正确答案，其流畅性得 13 分。该生的答案有 7 种类型：按是否为素数；按是否为偶数；按倍数分；按因数分；按公因数分；按个位或十位上是否有相同数字分；按数中是否有某个数字分，其灵活性得 7 分。学生 A 较有新颖性的答案是图 4 中第 8 及第 12 个，占比分别为 3.4%和 13.3%，分别计 4 分和 3 分，独创性得 3.5 分（从答案中选两种比例最小的取平均数，下同）。综上，学生 A 本题的数学创造力为 23.5 分。

2. “问题提出”的评分情况（图 5）

根据评分标准，学生 B 给出了 18 个正确答案，但前两类的第 5、6 个答案均无实际意义，不计分，流畅性实得 14 分。他的答案有 5 种类型：进货价比零售价每枝或每束便宜多少元；零售价每束是多少元；进货价每枝多少元；两种零售价每束或每枝相差多少元；两种进货价每束或每枝相差多少元，故灵活性得 5 分。该生较有新颖性的答案是第三类的 5 和 6，所占百分比分别是 3.4%和 3.4%，分别计 4 分，独创性得 4 分。学生 B 本题的数学创造力为 23 分。

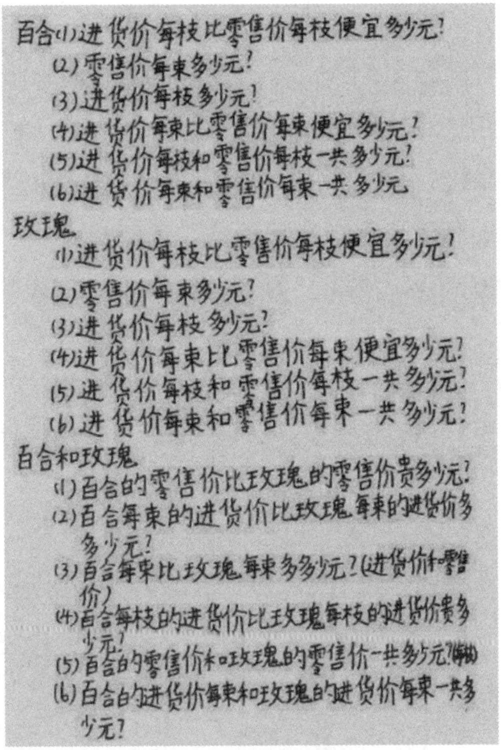

百合(1)进货价每枝比零售价每枝便宜多少元?
(2)零售价每束多少元?
(3)进货价每枝多少元?
(4)进货价每束比零售价每束便宜多少元?
(5)进货价每枝和零售价每枝一共多少元?
(6)进货价每束和零售价每束一共多少元

玫瑰
(1)进货价每枝比零售价每枝便宜多少元?
(2)零售价每束多少元?
(3)进货价每枝多少元?
(4)进货价每束比零售价每束便宜多少元?
(5)进货价每枝和零售价每枝一共多少元?
(6)进货价每束和零售价每束一共多少元?

百合和玫瑰
(1)百合的零售价比玫瑰的零售价贵多少元?
(2)百合每束的进货价比玫瑰每束的进货价多多少元?
(3)百合每束比玫瑰每束多多少元?(进货价和零售价)
(4)百合每枝的进货价比玫瑰每枝的进货价贵多少元?
(5)百合的零售价和玫瑰的零售价一共多少元?(每枝)
(6)百合的进货价每束和玫瑰的进货价每束一共多少元?

图 5　学生 B 的解答

3.“九点图”的评分情况（图 6）

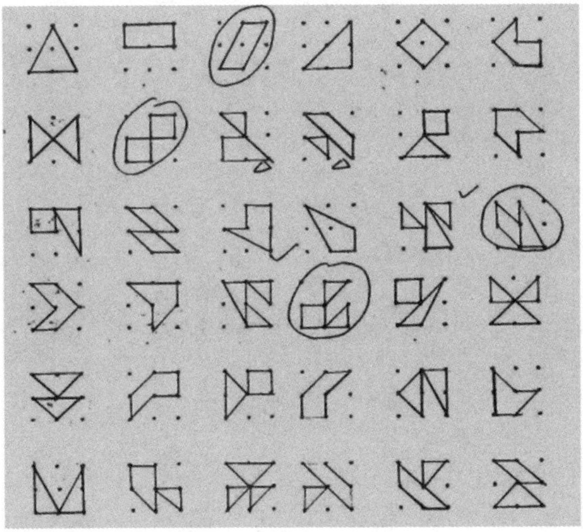

图 6　学生 C 的解答

学生 C 给出了 11 种正确的面积独立（如第 1 列第 1 行）答案（由图形平移、旋转或翻转而成的答案除外），有 6 类（共 7 类，少正方形 + 平行四边形）正确的面积不相连答案（如第 2 列第 1 个，这部分答案往往是拼凑的结果，谈不上创新），答对每类（种）均计 1 分，该生流畅性可得 17 分。灵活性方面，面积相连的图形有 6 类正确答案（少三角形 + 平行四边形）；面积断开的图形 20 种正确答案（剔除 1 种经旋转后相同的答案），答对每类（种）答案均计 1 分，灵活性得 25 分。独创性方面，该生第 5 列第 6 行和第 6 列第 6 行两个答案占所有答案的百分比最小，分别为 1.7% 和 6.7%，均低于 10%，其独创性得 4 分。综上，学生 C 本题的数学创造力为 46 分。

4.“数字金字塔”的评分情况（图 7）

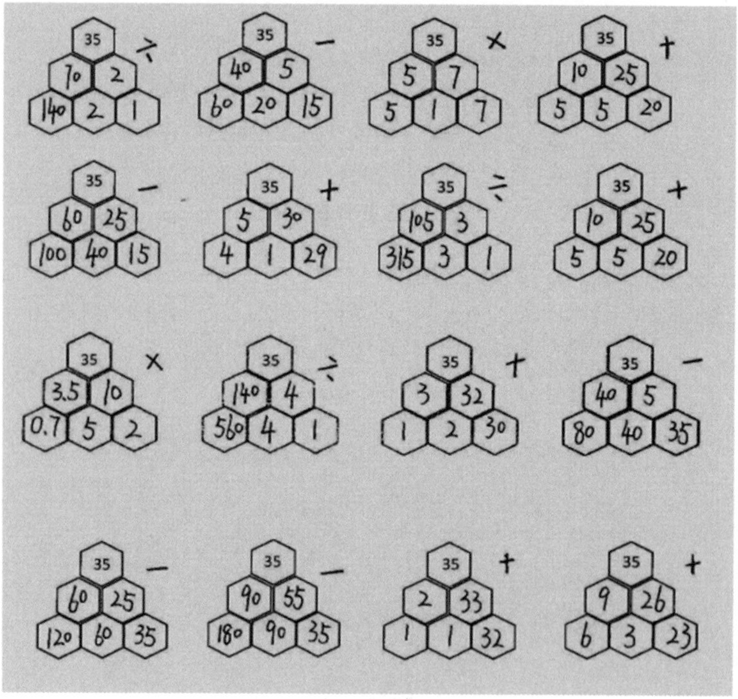

图 7　学生 D 的解答

根据评分标准，该生给出了 16 个正确答案，其流畅性得 16 分。他的答案有 5 种类型：整数中分别有加法、减法、乘法、除法，小数中有乘法，其灵活性得 5 分。他的答案比较新颖的是第 3 列第 1 行和第 1 列第 3 行这两个，所占百分比分别是 1.7% 和 3.3%，均计 4 分，其独创性获 4 分。综上，学生 D 本题的数学创造力为 25 分。

三、研究结论与分析

借助学生解决数学开放题的个案分析，能有效测量学生的创造性思维。具体操作时，教师要给学生提供充分的时间和空间，让他们在全力聚焦问题解决这一核心时，尽量多地应用较复杂或创新的解题方法。

1. 数学开放题能有效发展学生的创造性思维

数学开放题问题解决有助于学生从不同角度用不同方法思考、解决问题，能进一步开阔学生思维。在测后访谈中，教师问学生 A 是如何想到这些分类方法时，他回答："答案 1 ～ 9 是根据五年级所学知识。"灵活应用所学知识让他的答案丰富多彩。教师和学生 D 交流"解决数字'金字塔'时，如何想到用小数解决问题"时，他说："用小数就和其他算式不同了。"这充分反映了该生思维的灵活性、广阔性、发散性，也从另一层面说明他想尝试运用新方法。

教学经验表明：学生解题时往往都是运用自己最熟悉和最简便的方法，在得到一个确定结论后，思维也就戛然而止了，不会也懒得继续思考有没有符合问题的其他方案或答案，更鲜有去想与众不同的结果。究其原因，一方面，长期的封闭题训练导致答案唯一的认知已"深入人心"；另一方面，对于解题速度、效度、深度过分关注，学生在有限的时间和空间内，解题思维和问题解决模式被固化，问题求解的功用价值被充分放大，创造性思维的发展被漠视。从这个意义上来说，在师生共学、生生互学、个体独学的情境之下，辅以充足的解题时间和空间，学生就能积极主动地用所学知识解决开放题，为创造性思维的发展提供了可能。

2. 影响创造性思维的因素

毋庸置疑，数学开放题问题解决有助于发展学生的创造性思维，但问题的难度和思维定式在一定程度上也影响着学生创造性思维的发展。

如果教师设计的问题难度过大，学生无法发挥创造性思维；如果学生预设的解决问题的方法较难，他们往往会放弃新方法或“另辟蹊径”，选择自己熟悉的或自认为简单的方法，从而影响创造性思维培养。笔者在访谈中遇到了这样的现象：教师问一个女生在解决数字“金字塔”时，“除了自己所写的那些方法外，如果还有时间，你会不会再想想其他方法？”，她说：“我也想用小数、分数甚至负数，但没有整数计算方便。”教师问学生D为什么只写了一个小数乘法，有没有想到用小数加法、减法和除法时，他也认为整数便于口算，小数口算容易出错。

学生解决问题时还易受到思维定式的影响，进而阻碍创造性思维的发展。教师问学生“为什么不愿意提出与众不同的数学问题”时，有学生认为进货价和零售价比多比少是轻车熟路。原来，他们习惯比多比少。教师问学生“数字‘金字塔’为什么整数加法用得比较多，甚至全是整数加法算式”时，学生普遍认为样例是整数加法。思维定式导致学生的答案虽然正确，在思维流畅性这块得分较高，但独创性和灵活性的得分相对不高。

四、研究启示

1. 评价标准要根据学生的具体特点确定

根据皮亚杰认知发展理论，小学生以形象思维为主，抽象思维才刚刚开始发展。如，问题提出中，学生提出的百合进货价和零售价每枝一共多少元，这个问题从列式计算的角度看似乎没有问题，但从数学意义上看价值不大，不鼓励学生提出类似问题。因此，没有计分。诸如此类现象，教师要依据学生的年龄特点和思维特点进行具体、及时、适切的评价。如果学生的答案超出教师的预期，试题的灵活性和独创性的评分标准就要根据学生的答题情况进行适当调整。

2. 教师要为学生提供充分的时间和空间

评测试题一定要能激发学生的思考愿望，测试时为学生提供充足的思考时空，以防小学生因所选方法复杂而拒绝使用，从而确保答案的丰富、完整。在数字“金字塔”解决过程中，就有学生因教师提供的时间不充分而没有填完所有图形，或没有选用分数、小数计算。解决其他问题也有类似现象。实践表明，学生在安静的氛围、愉悦的心境下完成开放题问题解决任务，思维的独特性和流畅性测试效果比较明显。当然，教师也可以把测试题作为附加题分拆到学生的单元练习中。

3. 教师要在学生自评和互评中提高效率

测量小学生的数学创造性思维的试题涉及流畅性、灵活性和独创性三个维度，评价将牵扯教师大量的精力。为了提高评价效率，教师可随机组成若干小组，让学生组内交换评价测试题，重点展示学生的创新答案，教师适当、适时、适机点评和补充，直到学生没有新的答案为止。这样，相关测试题灵活性的标准就基本形成；组长再统计其他同学和自己的解答方法一共有多少种，计算出相关百分比，从而获得独创性的计分结果；最后，学生相互交流，实现自我评价和自我反馈。

参考文献：

[1] 陈琦，刘儒德. 当代教育心理学 [M]. 北京：北京师范大学出版社，1997.

[2] 田鹏. 数学开放题的评价 [J]. 海南师范学院学报（自然科学版），2004（1）：79-82.

[3] 李学梅. 数学思维水平评测系统研究 [D]. 石家庄：河北师范大学，2005.

[4] 孙思雨，郑鸿琴. 数学开放题：测量学生创造力的有效途径 [J]. 教育测量与评价，2017（10）：56-62.